QUE SAIS-JE ?

Le *os*

PHILIPPE DUGOT

Maître de conférences
à l'Université de Toulouse-Le Mirail
Agrégé de géographie

À Cathy, Tiphanie et mes parents.

ISBN 2 13 050551 1

Dépôt légal — 1re édition : 2000, août

108, boulevard Saint-Germain, 75006 Paris

INTRODUCTION

Le commerce de gros est un secteur peu et mal connu. « Gros » pour les uns, donc nécessairement exploiteur, goulet d'étranglement pour les autres, voire parasite, celui-ci n'a pas souvent bonne presse, quand il en a les honneurs. Tant pour dissiper des malentendus que pour rendre justice à son importance fonctionnelle, le commerce de gros mérite mieux que cette maigre attention. Sans doute fait-il les frais d'une faible médiatisation à un moment où le commerce de détail entamait une véritable révolution. Cette réticence à aborder le commerce de gros est aussi, peut-être, liée à la difficulté d'une approche compliquée par la faible lisibilité d'un secteur extrêmement hétérogène, tant par ses acteurs que dans leur modalité d'inscription et leur rôle dans des branches de l'économie aussi diverses que la distribution des biens de consommation ou l'approvisionnement en biens d'équipement, de tel secteur industriel.

Il ne s'agit pas de livrer le panégyrique d'un secteur, vantant son absolue nécessité dans le fonctionnement économique. Le but poursuivi est simplement de répondre à quelques questions simples : Qu'est-ce que le commerce de gros ? À quoi sert-il ? Comment l'individualiser au sein de l'ensemble composite qu'est la distribution ? La réponse à ces questions est moins évidente qu'il n'y paraît, à un moment où la distribution a connu de profonds bouleversements. En l'espèce, dire que le commerce de gros est un secteur tampon entre la production et le commerce de détail ou tout autre utilisateur professionnel et, *a fortiori*, qu'il est indispensable dans ce rôle, n'est aujourd'hui guère satisfaisant. Cela ne suffit pas à définir le commerce de gros et encore moins à aborder de front la question essentielle qui est celle de l'irruption d'autres institutions qui, depuis les origines, mais singulièrement depuis ces quatre dernières décennies, le remplacent dans l'exercice de sa fonction première. Débouté de sa place traditionnelle, le commerce de gros a traversé une crise si grave que certains ont annoncé son déclin, déclin qui s'inscrit dans celui de toute une forme de commerce, celle des petits boutiquiers isolés mais aussi, et plus largement, de toutes les petites entreprises agissant de façon indépendante dans des alvéoles économiques protégées, à une échelle régionale et locale. Entamer une réflexion sur le commerce de gros, apprécier les conditions économiques, techniques et sociales de son essor puis celles de sa remise en cause quelques décennies plus tard est donc d'autant plus intéressant que cela illustre et révèle les transformations drastiques qui ont traversé la société française et plus généralement les sociétés occidentales dans un monde de plus en plus internationalisé. Mutations techniques, par exemple dans le domaine des communications, modifications de la sphère économique et sociale qui s'ensuivent, s'entremêlent pour faire émerger, si ce n'est un monde nouveau, du moins un monde où les conditions relationnelles entre les différents acteurs sont différentes de ce qu'elles étaient au moment de l'essor du commerce de gros. Mais cette perception nécessite une discipline absolue en matière de définition de chacun des acteurs, à commencer par le commerce de gros, secteur dont la configuration et le rôle ont été façonnés pour l'essentiel au siècle dernier, produit des premiers pas du capitalisme industriel. Dans cette acception non pas restrictive, mais figée du secteur, ce qui est un bon moyen de percevoir la nouvelle répartition des rôles dans la distribution, il ne s'agit pas de discuter autour de la question du déclin ; à condition de s'entendre clairement sur ce qu'est le commerce de gros, celui-ci ne fait pas de doute ! Toute la question est de savoir si ce déclin est réversible ou pas et dans quels circuits de distribution.

Dans le cadre qui est ici imposé, il n'est pas dans notre ambition de tout dire sur le commerce de gros, objectif que la grande diversité du secteur rend de toute façon difficile à réaliser. Il s'agit simplement de poser quelques jalons destinés à comprendre et à mettre en évidence les considérables mutations ayant traversé notre monde et dont le commerce de gros fut parfois l'un des initiateurs, plus souvent la victime, toujours un précieux révélateur[1].

1. Cette réflexion s'appuie sur le cas français ; il va sans dire qu'elle reflète à maints égards, au-delà des particularismes nationaux, la situation observable dans la plupart des pays développés.

Chapitre I

NAISSANCE ET DÉCLIN DU COMMERCE DE GROS

La nécessité du commerce de gros émerge vraiment au siècle dernier lors de la première révolution industrielle. La remise en cause de son utilité intervient au cours de ces quatre dernières décennies. La lecture de cette évolution passe par l'analyse d'un faisceau de facteurs économiques, sociaux et techniques, dont les interrelations réciproques produisent des changements sociétaux majeurs, tantôt bénéfiques à l'affirmation du commerce de gros, tantôt néfastes.

I. — Le commerce de gros dans le fonctionnement économique

Comprendre la genèse du commerce de gros, apprécier sa place dans le fonctionnement économique est indissociable d'une vision panoramique de l'ensemble de la fonction commerciale et d'un retour sur les facteurs de son éclosion. Il s'agit de démontrer *in fine* que le commerce de gros, pris en tant qu'institution distincte du reste du commerce, a répondu à un besoin de la société industrielle en formation, puis épanouie.

1. **Les fondements historiques du commerce.** — La mise en évidence des fondements historiques du commerce impose de définir au préalable l'évolution des conditions dans lesquelles s'effectue l'échange. On peut

définir celui-ci comme un « troc librement consenti d'une valeur ou d'un service ; acte par lequel un bien est fourni en contrepartie d'un autre bien »[1]. L'homme étant par nature un producteur et un consommateur, l'échange apparaît alors comme le corollaire du développement économique mais aussi du cimentage de l'unité culturelle et géographique des sociétés humaines. Certes, l'échange « n'est pas une donnée originelle et inéluctable de l'activité humaine »[2]. L'autoconsommation et le développement autarcique de certaines sociétés en fournissent l'illustration mais sont depuis longtemps des traits non dominants de l'organisation humaine, au moins pour ce qui est des produits non alimentaires, et anecdotiques de nos jours dans la plupart des pays. Assez vite dans l'évolution des sociétés, les prémices d'une division du travail et l'existence d'un excédent non autoconsommable ont obligé les hommes à commercer.

Mais si une potentialité d'échange existe, même minime, reste à savoir comment elle peut s'exprimer, avec quelle amplitude, tant économique que territoriale. Là, interviennent le niveau technique et les correctifs induits de la distance pour les aires de marchés et des capacités de production, pour l'importance des flux de biens, en d'autres termes le niveau de développement d'une société. Plus le nombre de produits augmente, plus le niveau de développement technique et/ou les productions et modes de production sont différents, plus grandes sont les inégalités et plus la volonté d'échanger est stimulée. Dans le même temps, l'espace, ou plus exactement l'espace-temps, constituant un élément limitatif sérieux à l'échange, sa domination, c'est-à-dire les capacités de transport, conditionne l'ampleur des mouvements commerciaux. Dès lors qu'un excédent, rendant des produits disponibles, existe, que ceux-ci répondent à une attente du marché et que la demande peut

1. *Grand Larousse Universel,* édition de 1983.

2. J. Beaujeu-Garnier, A. Delobez, *Géographie du commerce*, Paris, Masson, 1977, p. 12.

s'exprimer économiquement, non seulement il y a commerce, mais encore il doit y avoir commerce.

Jusqu'au début du XIXe siècle, en France comme ailleurs en Europe, sous le double effet d'une production essentiellement agricole et artisanale dont la plus grande partie est destinée à l'autoconsommation et de la faiblesse des possibilités de déplacement, et donc par l'absence d'effets d'entraînement réciproques, les échanges restent limités en quantités et se déploient sur de faibles distances. Le secteur commercial n'est, de fait, que peu développé car économiquement la place du commerçant ne se justifie pas massivement. Quelques échoppes dans les bourgs et les villes, des colporteurs sillonnant les campagnes, voilà tout ce qu'il représente. Au Moyen Âge, certes, des négociants ayant une vocation largement extra-locale existent et sont issus de la reprise du mouvement commercial après le XIe siècle. Parallèlement à la circulation des marchandises se mettent en place des réseaux financiers favorisant les transactions, notamment grâce aux progrès des techniques bancaires (système des lettres de change évitant le transport physique des capitaux). Les quelques échanges à longue distance et portant sur des quantités relativement importantes provoquent même un début d'industrialisation. Les commerçants en sont les initiateurs en tant que fournisseurs de produits bruts et revendeurs des produits finis. Mais, d'une part, ces phénomènes ne concernent que quelques catégories de produits (textile et plus généralement des produits rares et chers, eu égard au coût prohibitif des transports, destinés à une maigre clientèle privilégiée), et, d'autre part, sont limités à quelques villes. Seul le transport maritime et l'importance prise par quelques maisons de négoce, en liaison avec l'essor du commerce colonial, à partir du XVIe siècle, élargissent l'horizon des sociétés préindustrielles. Mais, même si les flux ainsi générés peuvent atteindre une amplitude économique et géographique non négligeable, cela demeure marginal et ne met pas en cause le schéma propre aux sociétés préindustrielles et dont Jean-Pierre Rioux résume bien la quintessence : « Ces économies sont figées : les hommes, les marchandises, les capitaux y circulent peu. »[1] La révolution industrielle, expression de mutations techniques, économiques et sociales, vient bouleverser en profondeur ce schéma.

De l'objet quasi unique ou fabriqué en faible quantité, on passe à une standardisation et une massification, de la production. Celle-ci, est d'abord essentiellement liée aux filières de transformation des matières premières (textiles, fonderie...) pour ensuite dériver vers des filières de fabrication (produits plus composites, plus évolués). Les produits deviennent de plus en plus nombreux et divers, intégrant un savoir-faire et une technicité croissante. Les entreprises, en conséquence, se spécialisent et la division du travail s'accentue. L'économie tout entière se monétarise sous l'effet de l'accroissement du salariat et du développement de la circulation des capitaux. Tout cela contribue à bannir l'autoconsommation et les tendances autarciques, d'autant plus, et, condition *sine qua non*, que les moyens de transport deviennent de plus en plus performants ; l'arrivée du chemin de fer et son extension rapide favorisent l'unification du marché national dès avant la fin du XIXe siècle. Grâce à lui, l' « espace rétrécit », il met « en orbite la révolution industrielle »[2]. Échanges interindustriels, de matières premières et/ou de biens de production, de produits agricoles et alimentaires, de biens de consommation divers... progressent. Ils sont plus que jamais indispensables pour que le système mis en place puisse continuer de s'épanouir. Le fonctionnement économique de la société se complexifie au fur et à mesure que l'industrialisation s'affirme. Le gonflement des activités productives et les modifications survenues dans les conditions de l'échange nécessitent l'apparition et le développement des activités tertiaires et, parmi elles,

1. J.-P. Rioux, *La révolution industrielle, 1780-1880*, Paris, Éd. du Seuil, 1971, p. 23.
2. J.-P. Rioux, *op. cit.*, p. 77.

de la fonction commerciale. D'ailleurs, il n'est pas exagéré de parler de révolution commerciale ; celle-ci fait partie intégrante du *take off* industriel.

2. La distribution dans le fonctionnement économique.

A) *La révolution commerciale.* — Dès que la production augmente en grande proportion, change d'échelle, le système de vente existant, qui s'appuie notamment sur un commerce itinérant fait de colporteurs et un maillage assez dense de foires et de marchés, se révèle insuffisant, de même que l'équipement commercial préexistant, bien que les boutiques aient commencé à se multiplier au XVIIIe siècle. En 1820, en Angleterre, le colportage a ainsi quasiment disparu. Succédant aux antiques halles, des bourses de marchandises se créent, où courtiers et commissionnaires mettent en relation des producteurs et des acheteurs divers. Parmi ces derniers se développe un intermédiaire, le commerce de gros. Ces lieux d'échanges, localisés près des zones de consommation ou des zones de production, permettent l'établissement d'échelles de prix nationales, voire internationales pour certaines matières premières. Mais les bourses comme les halles apparaissent, dès la première moitié du XIXe siècle, inadaptées à l'écoulement d'une production croissante et plus mobile grâce à l'amélioration des moyens de transport.

La grande nouveauté est la complexification et l'allongement des circuits de redistribution des marchandises. À la place du producteur qui vendait directement à un consommateur – noter l'importance de l'artisanat jusque dans la première moitié du XIXe siècle –, avec éventuellement le concours d'un colporteur, il y a maintenant plusieurs intermédiaires spécialisés. Les circuits commerciaux comptant deux relais se généralisent et deviennent la règle à la fin du XIXe siècle. Le commerce de gros regroupe des marchandises de provenance et de nature différentes, et se charge de les redistribuer et d'alimenter le marché. Il s'agit du premier maillon, en sus de l'apparition et du développement parallèle des représentants émanant des industriels ou des commissionnaires agissant pour le compte des grands fabricants. Dans le cas des biens de grande diffusion, en bout de chaîne ne se trouve pas le consommateur final, mais le commerce de détail. Sous la pression de l'augmentation du nombre des produits, de leur standardisation et de l'amélioration progressive de la solvabilité des acheteurs potentiels, les boutiques se multiplient et se diffusent largement sur tout le territoire national (en France, en 1880, 500 000 personnes sont employées dans les commerces d'alimentation). La naissance et le développement des grands magasins constitue l'expression, la plus achevée des bouleversements économiques et sociaux du dernier quart du XIXe siècle. Groupant plusieurs centaines de références, dans des rayons spécialisés, ceux-ci concrétisent l'émergence du fait commercial et le début de l'ère de la consommation.

Les évolutions amorcées au XIXe siècle trouvent leur continuation durant le XXe siècle. Le progrès technique et le machinisme s'accélèrent. La division du travail s'accentue. Taylorisme et fordisme débouchent sur une nouvelle phase de massification de la production. L'amélioration des circulations de marchandises, d'informations et de capitaux augmente les aires de marché. Ce dernier est d'autant plus stimulé que la période de prospérité des années vingt inaugure la consommation de masse dans quelques pays (États-Unis). Stoppé durant la crise des années trente et la seconde guerre mondiale, le processus amenant à la société de consommation redémarre, s'accélère par la suite, donnant son épaisseur aux « Trente Glorieuses » de J. Fourastié. Le développement concomitant du salariat, du niveau de vie global des sociétés occidentales, la multiplication des produits et une innovation permanente favorisent la consommation. Cela est d'autant plus vrai que le désir et les besoins sont excités par une publicité omniprésente.

La densification des relations entre des acteurs de plus en plus diversifiés et spécialisés au cours de ces dernières décennies ne fait que confirmer les raisons de l'émergence d'un secteur commercial dont les bases étaient déjà posées au siècle dernier. Paradoxalement, s'il est parfois dit que la révolution industrielle a fait basculer le pouvoir détenu par les grandes maisons de négoce qui animaient jusqu'aux réseaux de production par le biais du *Verlagssystem*[1], aux mains des industriels, c'est elle qui a favorisé l'émergence d'un tissu commercial plus dense et diversifié. C'est à partir de cette époque que se dissémine le commerce de détail, s'affine la boutique du commerçant et que le rôle du commerce de gros s'affirme. Un secteur commercial composite émerge avec des institutions, un rôle et des fonctions identifiables. La distribution est née[2].

B) *Les fonctions de la distribution.* — Les fonctions dites classiques de la distribution sont les suivantes : les achats, le transport, le fractionnement, l'assortiment, l'allotissement, le stockage, la mise à disposition et la présentation, la vente des produits. Viennent s'y adjoindre certains services annexes : livraisons, service après vente, crédits, conseils divers d'ordre commercial ou technique... Ces fonctions ne sont pas nées avec la

1. Expression allemande du travail à domicile.

2. Le choix de ce vocable préférentiellement à celui de « commerce » n'est pas innocent. La distribution peut être définie comme l'« ensemble des activités réalisées par le fabricant avec ou sans le concours d'autres institutions, à partir du moment où les produits sont finis et attendent d'être écoulés jusqu'à celui où ils sont en possession du consommateur final et prêts à être consommés, au lieu, au moment, sous les formes et dans les quantités correspondant aux besoins des utilisateurs » (Y. Chirouze, *La distribution : radioscopie des circuits de distribution en France*, Paris, Chotard et ass., 2e éd., 1990, p. 15). Dans cette acception, le monde de la distribution est plus large que celui du commerce puisque perçu comme une série d'opérations, quels que soient les opérateurs, effectuées entre la production et le marché. Cette dimension paraît mieux à même de refléter dans toute son étendue et sa diversité le milieu d'insertion du commerce de gros, dans ses opportunités de développement comme dans ses concurrences potentielles.

révolution industrielle et la logique capitaliste. Elles sont l'inévitable pendant de tout échange. Ce qui a changé au siècle dernier, c'est l'échelle à la fois quantitative et géographique de leur réalisation. On peut les dissocier en deux grandes catégories : les fonctions matérielles et les fonctions commerciales.

Sont des fonctions matérielles, toutes les opérations destinées à s'affranchir des distances géographiques et temporelles séparant la fabrication d'un produit de sa consommation. Pour insister sur leur caractère stratégique, certains préfèrent utiliser l'adjectif « logistique ». On peut en retenir cinq principales :

Le *transport* permet aux entreprises d'élargir leur marché en s'affranchissant des distances. L'*allotissement* est le stade où s'effectue le regroupement des lots dispersés d'un même produit afin de constituer un seul et unique lot de plus grande taille. Il s'agit de surmonter les problèmes liés à la « balkanisation », voire à l'atomisation des structures productives. Le *fractionnement* répond à la contrainte inverse. Il consiste à subdiviser les lots importants issus de la production de masse, en plus petites quantités, plus aisément commercialisables. Cette subdivision est rendue d'autant plus nécessaire que les structures en aval (commerce de détail, artisanat ou même entreprises industrielles...) sont de petite taille. L'*assortiment* des produits, enfin, est directement induit par l'accroissement de la diversité des biens (des centaines de milliers de références !) et de la demande qui en découle. Il consiste à rassembler des produits, de nature hétérogène (mais se caractérisant par une certaine complémentarité : par exemple, les produits alimentaires...) et/ou au sein d'une même gamme, de marques différentes. Il s'agit d'obtenir une offre suffisamment large et profonde et, en tous les cas, adaptée aux besoins exprimés par le marché visé.

En filigrane à ces fonctions, on trouve un impératif, celui du *stockage*. Il joue un rôle de tampon entre une offre et une demande de plus en plus décalées dans l'espace, au fur et à mesure que les échanges s'étirent. Le stockage est également la seule solution au problème de la non-concordance entre les périodes de consommation et de production. Le fait est connu pour les produits agricoles, récoltés de manière saisonnière, mais consommés tout au long de l'année. Cette caractéristique affecte aussi les biens non alimentaires (produits liés à certaines saisons touristiques : skis et matériels de sports d'hiver, par exemple). Cette déconnexion temporelle entre l'offre et la demande est d'autant plus ressentie que la production se massifie et que les producteurs sont spécialisés. On attribue enfin au stockage un rôle d'amortisseur entre les fluctuations de l'offre et celles de la demande. Tout cela soulève la question du financement de ces stocks et de la prise de risque inhérente, très variable suivant la nature des produits, leur caractère périssable et leur sensibilité aux mouvements de mode, ce qui n'est pas le moindre des services rendus.

La distribution ne doit pas être envisagée sous le seul angle d'une série de fonctions visant à canaliser les échanges. Le terme logique de la distribution est la *vente*. Mais cette vente ne doit pas simplement être perçue comme la suite du processus de production, mais plutôt comme un acte procédant d'une démarche volontariste visant à gonfler le besoin de consommer à la fois par la satisfaction de la clientèle et par sa stimulation. La transmission de l'information devient alors un élément de plus en plus stratégique. Elle se traduit par l'existence d'un double flux, l'un vers l'aval, sur les produits vendus (informations techniques, nouveautés...), l'autre vers l'amont (informations sur le comportement du marché face à une innovation...). L'assortiment, outre une fonction matérielle, devient là une fonction commerciale dans le sens où il y a réunion, dans un même lieu, de produits différents, ce regroupement étant destiné à combler les divers besoins des consommateurs et autres utilisateurs en leur évitant de multiples déplacements. Enfin, sur ces fonctions fondamentales viennent se greffer d'autres services (facultatifs) : livraison à domicile, installation, service après vente..., qui, eux aussi, participent à l'objectif final qui est la vente.

Fonctions matérielles et fonctions commerciales, constituent l'ossature de la distribution. Intangibles, elles doivent être assurées pour que la distribution remplisse correctement son rôle, à savoir la mise en relation de la production avec la consommation ainsi que l'augmentation de l'offre par la stimulation de la demande. Grossièrement, l'ensemble peut être découpé en deux fonctions principales : la fonction de gros et la fonction de détail. Bon nombre des opérations décrites précédemment s'insèrent à la fois dans l'une et dans l'autre. Mais, attention, la distribution ne doit pas pour autant être caractérisée uniquement par les commerces de gros et de détail, même si, classiquement, ce sont eux qui en assurent le fonctionnement. Elle doit plutôt se définir comme l'ensemble des relations constitutives des structures économiques globales. Ces relations peuvent être classées en trois flux principaux : les flux physiques, vers l'aval ; les flux d'informations, d'amont en aval (et réciproquement) ; et les flux financiers vers l'amont. Au sein de cet ensemble, s'étalant de la fourniture de biens d'équipement, de biens intermédiaires et de matières premières aux producteurs, à la vente aux particuliers, la fonction de gros s'inscrit en position intermédiaire.

3. **La justification économique et spatiale du commerce de gros.**

A) *La spécificité de la fonction de gros.* — La justification du commerce de gros passe d'abord par celle de la fonction de gros qui regroupe une bonne partie de l'ensemble composite d'opérations formant la distribution. Plus que par la nature de ces opérations, c'est par leur présence en certains points du circuit de distribution qu'est identifiée la fonction de gros. En effet, au niveau de la fonction de détail peuvent exister des opérations de stockage, d'assortiment et de fractionnement. La fonction de gros n'est donc pas, ou pas suffisamment, caractérisée par ces opérations. En fait, son originalité réside dans son positionnement économique entre un aval et un amont composés d'entreprises, alors que les clients des commerces de détail sont des particuliers.

Classiquement on situe la fonction de gros entre les producteurs et les détaillants. Pourtant, elle ne participe pas seulement, pour reprendre une notion développée par certains économistes au siècle dernier, à la *reproduction sociale,* elle s'insère aussi de plain-pied dans la *sphère productive* : en amont de l'ensemble des activités industrielles, tertiaires (commerce de détail mais aussi les autres activités de service) et agricoles, ainsi qu'en aval de l'ensemble des activités productives (secteurs primaire et secondaire)[1]. Elle s'identifie donc à l'ensemble des relations interentreprises au sein d'une société (mis à part les prestations de services). Autant dire que, à une époque où la division du travail nécessite l'existence d'échanges d'*inputs* et d'*outputs*, de plus en plus nombreux, elle occupe une place stratégique et d'une réelle utilité eu égard à la multiplicité des fournisseurs, des clients, à leur déconnexion spatiale, mais aussi à la diversité des produits et à la multitude de références. On imagine sans peine les coûts insupportables qui grèveraient la distribution si chacun des intermédiaires gérait son propre approvisionnement ainsi que la multiplicité et le manque de coordination des flux qui s'en suivraient.

La fonction de gros se découpe en une série d'opérations qui s'organisent autour d'un triptyque. L'*achat* est la première des grandes fonctions de gros. Il est dit que les achats se font en grosses quantités. Dans les faits, cette réalité souffre bien des exceptions, dues,

1. Pour l'instant, il n'y a pas lieu d'établir une différence entre les biens de consommation et les biens industriels, puisque la fonction est la même. Seul l'environnement dans lequel elle se situe change (produits plus ou moins pondéreux et divers, clients et fournisseurs plus ou moins nombreux...).

entre autres, à la nature des produits et à la difficulté à définir des seuils quantitatifs. Lors de l'achat s'effectue également le regroupement des commandes, souvent prévisionnel, émanant de l'aval, qui, en augmentant le volume de celles-ci, permet l'obtention de remises auprès des entreprises amont qui produisent des quantités de biens importantes ; des remises qui, en principe, doivent bénéficier à la clientèle. Inversement, et pour remédier aux inconvénients de la dispersion spatiale et/ou économique des entreprises productrices, l'allotissement est inclus aussi dans cette première phase. L'achat premier, élément fondamental de la fonction de gros, doit-il être pour autant toujours présent pour que la fonction de gros existe ? Non, une entreprise distribuant sa propre production, n'a pas besoin en principe d'assurer l'ensemble de ces opérations. Et, en conséquence, le changement de propriété n'intervient que lors de la vente finale.

Le *stockage* est la justification et l'aspect caractéristique de la fonction de gros, même s'il n'est pas spécifique à la fonction, de nombreux stockages s'intégrant, par exemple, dans le processus de fabrication, sans que l'on puisse pour autant parler de fonction de gros, mais plutôt d'un rôle de rétention permettant d'alimenter la chaîne de production de façon continue. Il peut y avoir plusieurs phases de stockage dans un même circuit de distribution, et donc ce stade-là ne doit pas être envisagé comme un élément monolithique situé à un moment précis de la distribution. Outre les motifs déjà exposés, d'autres raisons peuvent exister pour justifier les stocks : contraintes économiques (coûts des transports nécessitant des quantités minimales de livraisons, d'où le groupage), données financières (stockages à but spéculatif), protection contre les aléas de production ou de transport (qui nécessitent la mise en place de stocks de sécurité, lourds à financer). Enfin, la massification de la production n'a été suivie que partiellement, ou tout au moins, avec un certain décalage, par la massification de la distribution finale. Inversement, la consommation de masse peut se heurter à des structures productives éclatées. Le stockage est donc un stade indispensable, participant à la canalisation des flux de marchandises.

La *vente* conclut l'exposé des trois grandes phases de la fonction de gros. Il s'agit essentiellement d'adapter l'offre à la demande, ce qui implique, avec les nuances dues à l'extrême diversité des produits et des clientèles, le fractionnement des lots et la constitution d'un assortiment (avoir une gamme variée d'articles, plus ou moins large et profonde en fonction des demandes, du type de la clientèle : 2 000 à 2 500 pour l'épicerie, 6 000 pour la mercerie, 12 000 pour la droguerie..., au minimum). Enfin, le contact entre l'institution de gros et son client suppose l'acheminement de la marchandise.

De ce triptyque fonctionnel, il est possible d'extraire une typologie des fonctions de gros découpée en quatre grandes catégories. Les fonctions *physiques* et logistiques regroupent une bonne partie des fonctions précédemment évoquées : l'assortiment, le stockage, le fractionnement, le transport. Ces fonctions physiques peuvent intégrer une activité para-industrielle, conditionnement par exemple, destinée à satisfaire la demande du client ou à permettre le transport des marchandises. En filigrane transparaissent les très importantes fonctions *financières*. L'acheminement des marchandises se traduit par des changements de propriété et donc des flux financiers. Au travers des délais de paiement consentis se détache un crédit de fait qui peut s'avérer vital pour la trésorerie des entreprises clientes. Les fonctions *d'information*, de l'amont vers l'aval, les nouveaux produits, leurs caractéristiques techniques, et/ou de l'aval vers l'amont, le marché et la demande, ont un rôle de régulation et d'équilibrage permanent entre l'offre et la demande et plus ou moins directement de stimulation réciproque. Enfin, *d'autres services* plus ou moins importants et facultatifs peuvent accompagner la fonction de gros : études techniques pour l'implantation de certains biens industriels spécifiques, assistance dans la gestion du magasin ou d'un rayon bien précis, études de marché pour les producteurs...

L'importance de ces différentes fonctions varie suivant les produits. Par exemple, pour les matériaux de construction, et plus généralement pour les secteurs où les marchandises vendues ont une valeur spécifique faible, les fonctions physiques sont dominantes ; au contraire pour les produits plus techniques, les fonctions d'informations et de services sont déterminantes. Les fonctions financières offertes à la clientèle dépendent surtout de l'environnement concurrentiel, plus ou moins contraignant, et obligeant à ce genre d'avantages. Toutes ces fonctions exigent des conditions nécessaires à leur bon exercice, à commencer par l'existence d'une structure présentant un certain nombre de caractéristiques : la disponibilité de locaux de stockage, une certaine spécialisation, une fonction commerciale développée (magasin de vente, manutention, moyens de livraison...), un minimum de capitaux lui permettant d'assumer la fonction de stockage, un personnel qualifié apte à accomplir tant les fonctions physiques (manutention, réception des commandes, livraison...) que les fonctions plus largement commerciales (service achat, équipe de vendeurs, service technique...). Jusqu'à une époque récente, cette institution était, dans la majorité des cas, assimilable au commerce de gros.

B) *Les problèmes liés à la définition du commerce de gros.* — En dépit de son positionnement relativement clair dans la distribution entre un amont composé principalement de producteurs – il peut s'agir également de grossistes – et un aval de détaillants et d'utilisateurs divers, plusieurs définitions du commerce de gros existent, plus ou moins larges ou restrictives. La Commission des comptes de la nation définit le commerce de gros comme une activité « exercée par les entreprises et établissements lorsqu'ils revendent à des utilisateurs professionnels, à d'autres commerçants ou à des collectivités des marchandises achetées en leur nom propre et pour leur propre compte »[1]. Deux critères d'identification surgissent : la nature de la clientèle et la propriété de la marchandise ; ce dernier point exclut les courtiers et les commissionnaires. Mais cette définition est trop vague et laisse le champ encore largement ouvert. Dans le dictionnaire de l'Académie des sciences commerciales, le commerce de gros est identifié comme « une forme de commerce dont la fonction consiste à acheter et à entreposer des marchandises par quantités importantes et à les vendre en lots, à leur mesure, à des revendeurs, à des utilisateurs professionnels ou à des collectivités, à l'exclusion des consommateurs finals »[2]. Cette définition apparaît plus restrictive que la première, puisque viennent se rajouter deux autres critères : un impératif quantitatif et l'exclusion des consommateurs finals de la clientèle. Aucun des deux ne résiste à une analyse critique. Parler de quantités importantes n'est pas sérieux en raison de la diversité des produits, de leur nature et de leur prix. À quel seuil fixer le montant quantitatif des marchandises pour savoir si l'on a affaire à un commerce de gros ou non et selon quels critères (poids, prix, volume...) ? En outre, l'apparition de structures commerciales intégrées et associées suppose l'achat, le stockage et la revente de quantités de marchandises sans commune mesure avec celles que la grande majorité des grossistes traitent (cf. partie suiv.). Le second critère de sélection, l'exclusion autoritaire des consommateurs finals, de la clientèle des grossistes, bien que reposant sur une base historique et économique plus fondée, semble trop restrictif car en désaccord avec la réalité de l'activité de grossistes dans beaucoup de branches. Il exclut du champ toutes les entreprises rassemblées sous

1. Commission des comptes commerciaux de la nation, citation extraite de l'article sur la distribution *in* l'*Encyclopædia Universalis.*

2. Académie des sciences commerciales de Paris, *Dictionnaire commercial*, Paris, Entreprise moderne d'édition, 1987.

l'appellation de « demi-grossistes »[1]. D'autre part, et ceci est une tendance tout à fait actuelle, nombreux sont les grossistes qui développent une activité de détail.

La définition des Communautés européennes semble être celle qui recouvre la réalité du commerce de gros de la façon la plus satisfaisante : fait partie du commerce de gros « toute entreprise dont l'activité économique consiste, à titre exclusif ou principal à revendre des marchandises en son nom propre soit à des commerçants, soit à des transformateurs, soit à des utilisateurs professionnels, y compris les artisans ou d'autres utilisateurs. Les marchandises peuvent être revendues en l'état ou après transformation, traitement ou conditionnement, tels qu'ils sont usuellement pratiqués dans ces professions »[2]. On retrouve les critères de propriété des marchandises et de clientèle privilégiée. Mais, contrairement aux autres définitions, cette dernière sous-entend clairement que les grossistes peuvent avoir des activités annexes à la fonction de gros. Les commerçants de gros sont identifiés comme des intermédiaires agissant dans la distribution de divers produits leur appartenant, et n'effectuant pas à titre principal la dernière mise sur le marché, le stade de la consommation finale, et/ou une activité de production, sans pour autant être enserrés dans le carcan trop restrictif des seules opérations de gros. Cette dernière définition admet donc implicitement que les frontières entre les grossistes et les secteurs amont et aval ne sont pas étanches.

S'il était bon de souligner dès à présent cette réalité, il n'en demeure pas moins que l'originalité du commerce de gros est uniquement induite par la prise en charge de la fonction de gros et sa place au sein d'un tissu de relations diverses entre des acteurs professionnels. Mais cela

1. Bien que n'étant plus reconnus officiellement, les demi-grossistes demeurent une réalité courante dans certains secteurs, tels les fruits et légumes. Cette activité se traduit par la vente en un même lieu, à des entreprises ou des utilisateurs professionnels, et à des particuliers.

2. *Économie-Géographie*, « Le commerce de gros », n° 234, avril 1986.

ne suffit pas à expliquer l'utilité du commerce de gros. La fonction de gros peut être assurée à titre secondaire par d'autres institutions. De fait, outre la fonction de gros, d'où les commerces de gros tirent-ils leur légitimité primitive ?

C) *L'utilité traditionnelle du grossiste indépendant.* — À l'image de l'ensemble des activités commerciales, l'utilité du commerce de gros découle directement des changements majeurs ayant affecté les conditions de l'échange au siècle dernier. Certes, des entreprises de gros existent depuis fort longtemps. Dès l'Antiquité, Grecs puis Romains distinguaient un commerce de gros et un commerce de détail[1]. Dès le XIVe siècle, l'allongement des échanges et leur complexification financière induite renforcent une dissociation entre négociants au long cours et boutiquiers, autrement dit entre une esquisse de commerce de gros et de commerce de détail. Cette séparation s'accentue avec le commerce colonial, se pérennise avec le déclin des grandes foires. Au XVIIIe siècle, existe bel et bien un acteur, que ses interventions rapprochent du commerce de gros. Cependant, la plus grande partie des schémas relationnels existant dans les économies pré-industrielles se nouent au travers d'un contact direct entre un producteur et un utilisateur, géographiquement proches. Il n'y a besoin, dans la plupart des cas, d'aucun intermédiaire, et *a fortiori* de grossistes spécialisés[2].

En fait, il faut attendre la première révolution industrielle et ses effets de plus en plus manifestes sur la crois-

1. Dans l'Athènes du Ve siècle av. J.-C. existaient déjà des marchés de vente au détail *(kapeleia)* et des marchés où l'on vendait en gros *(emporia)*. Les Romains faisaient la différence entre les *negotiatores*, commerçants de gros, qui jouaient souvent en même temps le rôle de banquier, participaient au commerce annonaire, et les *mercatores,* qui tenaient boutique sur la voie publique.

2. Sur l'histoire du commerce et notamment l'importance des négociants dans les économies pré-industrielles, on consultera avec le plus grand profit l'ouvrage suivant : F. Braudel, *Civilisation matérielle, économie et capitalisme*, t. II, *Les jeux de l'échange*, Paris, A. Colin, 1979.

sance des échanges durant le XIXe siècle pour que le commerce de gros, en parallèle à tout un appareil commercial, s'épanouisse vraiment. Sa présence est rendue nécessaire pour trois raisons. La première, c'est que le nombre de producteurs, de détaillants et d'entreprises diverses est très important, et qu'ils entretiennent entre eux des relations de plus en plus nombreuses, du fait de la division du travail et de l'accroissement de leur spécialisation. La deuxième est que ces entreprises se caractérisent par l'hétérogénéité de leur dimension et, donc, de leur production et/ou de leurs besoins. Par exemple, et même si le secteur productif est encore largement « balkanisé », les structures du commerce de détail sont atomisées. Dernière raison, l'ensemble des producteurs, consommateurs et utilisateurs divers se dissémine sur un territoire dont les limites ne cessent de reculer. Cette diffusion économique et spatiale de l'appareil économique justifie la présence du grossiste. Sans lui, une multitude de relations (physiques, financières...) s'établiraient entre les producteurs et les utilisateurs des produits concernés. Ainsi, l'industriel, dont la production offre une certaine homogénéité, devrait assurer la promotion et la fourniture de ses produits auprès de milliers de points de vente. Le grossiste sert aussi à concilier les intérêts divergents entre les producteurs et les utilisateurs. Les premiers, en relation avec la massification de la production, doivent vendre par grosses quantités, régulièrement. Au contraire, les seconds, les détaillants, en particulier achètent par plus petites quantités, et en fonction de la demande. Le commerce de gros joue alors un rôle de régulateur en faisant coïncider ces besoins quantitativement opposés par le stockage des produits. En cas de nécessité, cela permet d'annuler les inconvénients liés à la non-concordance des périodes de production et de consommation. Une grande proportion des produits agricoles pose les deux problèmes à la fois. L'atomisation des structures productives, la saisonnalité de la production, et, au contraire, la concentration du marché (spatiale tout au moins) du fait de l'accroissement de la population urbaine et l'étalement continu de la demande, impliquent la collecte des produits. Là encore, le grossiste apparaît comme un intermédiaire irremplaçable. Situé en position intermédiaire entre les producteurs en amont et les détaillants (ou tout autre utilisateur) situés en aval, il permet une organisation des relations. En canalisant les divers flux (matériels et immatériels), il évite de multiples contacts entre les fournisseurs et les clients. En ce sens, le commerce de gros apparaît comme un facteur de rationalisation économique dans le processus d'acheminement et de distribution des produits, en jouant le rôle, de par sa position nodale, de point de regroupement et d'éclatement des marchandises.

Grâce à la palette de fonctions et de services déployés, le commerce de gros permet donc le contact entre des institutions au fonctionnement, à la finalité et aux intérêts différents. Cette utilité n'est plus aussi évidente au fur et à mesure que les entreprises en amont et en aval, sont moins nombreuses et d'une taille plus importante ou, tout au moins, plus compatible. En effet, les relations à établir sont moins nombreuses et donc la nécessité de leur organisation par une tierce entreprise moins obligatoire. Ce cas de figure concerne surtout les liaisons interindustrielles. Cependant, cela ne remet pas en cause, au moins jusque durant la première moitié du XXe siècle, l'utilité du commerce de gros. Celle-ci s'est même accrue continûment, à mesure que, pour les biens de grande consommation par exemple, la diversité des produits et l'augmentation de la demande ont gonflé le marché. De même, la division spatiale du travail, l'accroissement des distances entre offre et demande ont globalement favorisé l'émergence puis le développement des grossistes.

En fait, le commerce de gros tire sa justification de la déconnexion économique, spatiale et temporelle entre la production et la consommation, à partir de la révolution industrielle, ce qui implique une multiplication des relais de stockage. La naissance du commerce de gros est alors liée au paradoxe suivant : les échanges sont une condition *sine qua non* de la reproduction du système. Cependant, l'hétérogénéité et la multiplicité des différentes entreprises, dans la plupart des secteurs, couplées à leur diffusion géographique et à des conditions de circulation -mais aussi de conservation des biens périssables – limitant les zones de chalandise, les empêchent d'entretenir des contacts directs. La présence d'entreprises spécialisées et la dissémination de relais commerciaux et d'entreposage sur l'ensemble du territoire s'imposent. Les modalités de cette distribution spatiale peuvent être variables. Mais, quelles qu'elles soient, le quadrillage du marché par les commerces de gros s'avère indispensable à l'écoulement de la production sur la plus grande partie du territoire.

La présence du commerce de gros se trouve donc légitimée par l'utilité de la fonction de gros. Mais, si cette dernière constitue un facteur explicatif nécessaire, il est loin d'être suffisant. L'existence d'un maillon distinct et indépendant est aussi (surtout ?) justifiée par les caractéristiques structurelles de l'appareil économique, héritées de la révolution industrielle et de la première moitié du XXe siècle. La fonction de gros est d'abord assurée par les commerces de gros, car les entreprises composant l'appareil économique ne sont pas, dans leur ensemble, capables de la prendre en charge pour leur propre compte.

C'est un sophisme, souvent rencontré, d'affirmer que, parce que la fonction de gros est un élément indissociable du fonctionnement économique, le commerce de gros est lui-même inévitable. Au contraire, alors que la fonction de gros est une donnée intangible, on perçoit bien, au travers des facteurs de l'émergence du commerce de gros, que celui-ci peut voir sa place et sa justification facilement remises en cause dans le cadre d'une réorganisation structurelle de l'appareil économique,

Tableau I. — **Les facteurs explicatifs de l'existence du commerce de gros**

Utilité de la fonction de gros	*Justification du commerce de gros*
Massification de la production Standardisation des produits Diversification des produits et hausse de leur technicité Division du travail Disjonction géographique des activités Hausse de la consommation Complexification des relations inter-entreprises (accroissement des *inputs* nécessaires à la production et des *outputs*)	UTILITÉ DE LA FONCTION DE GROS
	Atomisation/ « balkanisation » des structures productives situées en amont ou en aval Atomisation/« balkanisation » de la clientèle Concentration de la production et atomisation de la clientèle **Difficultés relationnelles induites et divergence des intérêts**

ayant pour corollaire des processus d'intégration et de contrôle de la fonction de gros.

II. — Le temps du déclin

Né à tel moment dans un environnement technique et économique donné, conditionnant les possibilités d'échanges de marchandises, le commerce de gros voit vaciller sa justification traditionnelle dès lors que ces conditions changent, et en particulier que les difficultés relationnelles interentreprises s'estompent. Et c'est bien ce qui se passe, tout au long du XXe siècle, mais surtout au cours de ces quatre dernières décennies. Si la naissance du commerce de gros est liée aux premiers soubresauts industriels, sa remise en cause coïncide avec l'essor d'un autre cycle économique. Mutations techniques, économiques, sociales et spatiales interfèrent pour aboutir à un nouvel essor reposant sur des bases structurelles, des perspectives territoriales et un tissu relationnel différents : les flux économiques s'allongent et prennent du poids, mais dans le cadre d'une assez forte transformation des conditions de l'échange. En fait, si la nécessité d'une organisation de la distribution de biens, tant au niveau de la vente en gros qu'à celui de la vente au détail, n'a jamais été aussi forte, en parallèle les facteurs propres à expliquer la naissance et l'utilité du commerce de gros s'estompent : la fluidification des flux de marchandises et d'informations, grâce à l'amélioration des transports et des outils de télécommunication, et leur impact sur la restructuration économique et financière de l'appareil économique à une échelle de plus en plus souvent internationale contribuent à l'atténuation des difficultés relationnelles interentreprises et trans-sectorielles.

1. **La fluidification des flux de marchandises et d'informations.** — Au XIXe siècle, s'il n'y avait pas eu de progrès dans la circulation des hommes et des marchandises, le décollage industriel et l'ensemble des évolutions induites n'auraient pu se produire. De même, si les possibilités dans les communications n'avaient pas connu de sensibles améliorations à partir de la fin des années cinquante, le redéploiement économique international du capitalisme n'aurait certainement pas eu lieu, avec toutes les conséquences que cela suppose sur le contour socio-économique d'un pays comme la France.

A) *L'amélioration des transports.* — J. Ritter résume bien la portée des évolutions récentes : « Longtemps limitées dans leur ampleur par la faiblesse des moyens, les techniques de transport des marchandises, sont maintenant capables d'assurer pratiquement à des conditions économiques la diffusion massive de biens pour des quantités et sur des distances qui auraient paru encore récemment prohibitives, pour les produits pondéreux notamment. »[1] Au-delà des différences de modes – aérien, terrestre, maritime – c'est l'ensemble du monde des transports, de marchandises comme de voyageurs, qui a connu des progrès. Réduction des délais, régularisation dans l'acheminement des marchandises, augmentation des capacités d'emport, pour les navires comme les avions, dans un contexte de réduction globale des coûts, sont autant d'éléments qui ont concouru à rentabiliser des échanges qui auraient été autrefois pénalisés par la distance. C'est d'autant plus vrai que la vitesse de transbordement des marchandises d'un moyen de transport à un autre s'est accrue sous l'effet du développement du conteneur. D'une manutention plus aisée, susceptible d'automatisation, ce dernier apparaît comme un progrès décisif dans le monde du transport. Résolvant en grande partie le problème des ruptures de charge, le conteneur a favorisé les liaisons intermodales et, par là même, joué un rôle permissif incontestable dans le réaménagement de la chaîne logistique, d'autant que les transporteurs ont su mettre à profit ces innovations pour bonifier et compléter leur prestation de services. « Flux tendus », transports *just in time* ont ainsi permis le développement de nouveaux procès de production, moins dépendants du risque de rupture dans l'approvisionnement et où les stocks sont limités au strict nécessaire. Cette fluidification des flux de marchandises ne peut cependant se concevoir que dans le cadre de schémas conversationnels évolués et interactifs.

1. J. Ritter, *Géographie des transports*, Paris, PUF, « Que sais-je ? », 1976, p. 6.

B) *Les Technologies de l'information et de la communication (TIC).* — L'amélioration des outils de traitement et de transmission de l'information, facteur de plus en plus stratégique, fait que toute information peut être immédiatement codifiée et accessible en n'importe quel point d'un circuit. Là où auparavant il n'y avait que des sources isolées d'informations, imparfaitement connectées ou tout au moins dont l'accessibilité impliquait un certain laps de temps, se substituent des circuits en temps réel et interactifs où une mémoire centrale regroupe l'ensemble des données constamment réactualisées et immédiatement utilisables. Ces données, relatives aux stocks et aux commandes, permettent une confrontation à l'intérieur de l'entreprise entre offre (disponibilités) et demande (commandes) et suivant le résultat se traduisent par des ordres de fabrication ou, au contraire, de délestage de stocks. En outre, l'interrogation des banques de données internes va permettre de définir dans quel point de stockage le plus proche du client se trouve le produit demandé ce qui prend d'autant plus de valeur que l'entreprise compte d'établissements de production et de centres de distribution disséminés sur les cinq continents. Élément fédérateur des structures d'une entreprise de plus en plus éclatée, le contrôle de l'information est aussi l'élément d'insertion de toutes les entreprises dans le système économique composé d'autres entreprises en amont et en aval, prestataires de services ou concurrentes. L'organisation informationnelle n'est pas une chose fondamentalement nouvelle : la transmission de l'information est indissociable de tout développement économique. Ce qui est nouveau aujourd'hui, c'est la possibilité de contrôler cette information, de la gérer à grande échelle et de la transmettre en temps quasi réel. Au-delà de la simple transmission vocale, l'instantanéité de la communication d'informations concerne des données scripturales, des fichiers informatiques, du son et de l'image grâce à la télécopie et aux différents réseaux qui constituent les prémices des fameuses autoroutes de l'information. Le développement de l'EDI exprime ces bouleversements en matière de relations interentreprises[1]. L'impact des outils communicationnels sur la réorganisation économique et géographique des acteurs économiques est d'autant plus important que, le progrès technique aidant, ils se caractérisent par la relative modicité de leur prix et donc concernent *a priori* une large fraction des entreprises, voire des ménages.

C) *Le redéploiement géographique des échanges.* — L'amélioration des transports et les nouvelles potentialités de contrôle de l'information se combinent pour modifier le rapport à l'espace qu'entretiennent les entreprises. Il est sûrement abusif de parler de « révolution spatiale » en se référant à l'ubiquité, toute théorique, de l'accès à une information de plus en plus complète. La mise en place d'une série de filtres fait que toute information n'est pas disponible à l'identique partout, sans compter que l'accès aux flux physiques est encore largement tributaire de la proximité des grands équipements intermodaux, par définition non ubiquitaires. Il est néanmoins incontestable que ces évolutions offrent de nouveaux degrés de liberté dans le choix des localisations et donc dans l'organisation géographique des

1. Le système EDI (*Electronic Data Interchange* – Échange de données informatisées) constitue la manifestation achevée d'une gestion des flux par un codage normatif de l'information. L'EDI repose sur une norme internationale qui assure la compréhension des messages informatiques (EDIFACT). L'EDI constitue donc un moyen de communication avec les fournisseurs, les clients, l'administration... et au sein même des entreprises. L'efficacité du système est d'autant plus grande qu'il est couplé au développement de la lecture optique et à la modernisation des terminaux de paiement. Cela permet le décryptage du code EAN *(European Article Numbering)*, fruit, lui aussi, d'une normalisation internationale, aidant à l'identification, pour chaque produit, du fabricant, de la nature de l'article, du pays d'origine... Ce code est utilisé par les distributeurs. Un autre code, ITF, est utilisé pour la logistique des marchandises et leur suivi, de la production à la distribution. Cf. le guide édité par la CCI de Paris et des Hauts-de-Seine, *Commerce et nouvelles technologies*, novembre 1993.

acteurs économiques. L'amélioration constatée dans les transports, l'intermodalisme et les facilités de transbordement induites, la diminution des ruptures de charges et la baisse des coûts de transfert qui s'ensuit, le rôle des transporteurs en tant qu'éléments actifs de la réorganisation logistique, le tout étant rendu possible par le contrôle en temps réel de ces opérations, modifient fondamentalement le découpage de l'espace, l'atténuation (et non la disparition) de la friction de la distance élargissant sensiblement l'horizon des entreprises. Perdant ce que l'on pourrait appeler leur protection géographique, les schémas productifs locaux et régionaux voient leur fonctionnement perturbé par des acteurs inscrits à une autre échelle. En facilitant les possibilités relationnelles entre les entreprises ou entre les établissements d'une même entreprise les TIC constituent, si ce n'est un facteur certain de concentration horizontale et/ou verticale (intégration de la fonction de gros), à une échelle internationale, du moins « plus un obstacle à cette stratégie », comme le souligne G. Wackermann[1].

L'impact majeur des nouvelles technologies de traitement et de transmission de l'information réside donc dans l'organisation économique. Ces outils, en parallèle à l'amélioration technique des transports, permettent l'évolution du procès de production ainsi que des modalités d'approvisionnement en matières premières et de distribution des produits finis. Jouant sur la distance, qui, contrairement aux apparences, n'est pas une donnée figée mais variable dans le temps au gré des conditions techniques de sa domination, ils modifient radicalement les relations tant interentreprises qu'intra-entreprises, et concourent fortement à une réorganisation des circuits commerciaux[2]. Ce n'est « que » dans cette mesure que

1. G. Wackermann, « Les tendances actuelles des stratégies internationales dans le monde des transports », *Bulletin de l'Association des géographes français*, n° 2, 1989, p. 135-141 (p. 141).

2. Braudel, parlant du « commerce au loin » aux XVIIe et XVIIIe siècles, a bien montré que la distance considérable que cela constituait à l'époque, « en un temps d'information difficile et irrégulière, [créait] les

les technologies de la communication influent sur l'organisation spatiale des entreprises, l'internationalisation de l'économie et la généralisation d'une logique organisationnelle réticulaire des acteurs économiques. Ce n'est pas le monde nouveau qu'entrevoyaient ou espéraient certains, mais c'est déjà beaucoup[1] !

2. **La restructuration économique et financière de l'appareil économique.** — Nombreux sont les économistes qui ont tablé sur l'inéluctabilité d'un processus de concentration des structures économiques. Marx y voyait un facteur d'irrationalité du système capitaliste car gommant un de ses stimulants essentiels, la libre concurrence. F. Braudel, quant à lui, parlait de « cette règle obsédante du petit nombre, de cette centralisation structurelle de l'activité capitaliste »[2]. Il serait vain ici de chercher à définir les différents modes de concentration et à établir une typologie des entreprises suivant qu'elles adoptent tel ou tel type de concentration. Que l'on ait affaire à une concentration interne ou externe, de type horizontal ou vertical, n'est certes pas sans importance. Mais, dans la réalité, rares sont les entreprises qui adoptent un type de concentration à l'exclusion de tel autre. Ce sont plutôt la conjoncture et les opportunités qui dictent aux entreprises les règles et les contours de leur développement, et, de toute façon, les différentes stratégies de concentration s'induisent mutuellement. Elles ont conduit à l'affirmation d'un nouvel acteur, le groupe, qui rend

conditions banales et quotidiennes d'un surprofit » (*Civ. Mat...*, *op. cit.*, p. 479). Il est *a contrario* visible que la progressive domination de la distance tant par un meilleur contrôle de l'information, que par l'amélioration des transports, joue sur l'importance et la distribution du profit et sur la chaîne des acteurs économiques.

1. Les TIC sont potentiellement porteuses, à terme, de profondes modifications ; elles contiennent en germe une mutation drastique dans le processus d'échange : favorisant la multiplication des contacts directs, il est permis de se demander si elles ne vont pas réintroduire la possibilité de renouer le contact direct entre producteurs et consommateurs, gommant à nouveau, mais à une tout autre échelle, la nécessité de tout intermédiaire.

2. F. Braudel, *op. cit.*, p. 651.

l'entreprise isolée entretenant des relations économiques avec d'autres entreprises isolées de moins en moins conforme avec les pratiques observables dans le monde des affaires. Le système économique se découpe aujourd'hui en une série de sous-systèmes dont les ramifications aboutissent au contrôle de portions de branches de plus en plus importantes[1]. Le développement des coopératives, de regroupements et d'associations diverses d'entreprises indépendantes participe également à l'émergence de gros ensembles qui perturbent au même titre les schémas organisationnels classiques, de production comme de distribution. De quelque nature qu'ils soient, tous les secteurs ont été touchés par les mouvements de restructuration.

Dès le siècle dernier, le chemin de la concentration au stade de détail, par le biais des grands magasins, des magasins populaires, des groupements d'achats de détaillants ou des coopératives de consommation . est pavé par une série d'innovations essentielles : intégration en amont de la fonction de gros, constitution d'ensembles économiques mieux à même d'entreprendre des négociations avec les producteurs, succursalisme avec des entreprises de détail comportant plusieurs établissements de vente (magasins populaires et grands magasins essentiellement). Sans remettre en cause leur portée, il faut bien admettre que ces innovations dans la distribution des biens de consommation demeurent marginales. L'image romancée du grand magasin tuant les petits boutiquiers, sans être fausse, notamment dans les plus grands centres urbains, reste ponctuelle[2]. Cela n'a que peu d'effet sur la formidable croissance du petit commerce qui en quelques décennies voit le nombre des boutiques doubler, ce qui autorise à qualifier la période à la

1. Les trois cinquièmes du système productif français dépendent ainsi des 500 plus importants groupes. Ce qui est vrai en France l'est dans l'ensemble du monde développé.

2. À ce sujet, voir le roman d'É. Zola, *Au Bonheur des dames*, Éd. Carrefour, 1994.

charnière du XIXe et du XXe siècle d'« âge d'or du petit commerce »[1]. Tout est remis en question par la suite.

Les bouleversements survenus à partir de 1960 dans la distribution au stade de détail s'inscrivent dans un processus plus large de refonte de la société française, tant économique que sociologique. La distribution de masse apparaît comme le corollaire indispensable de la production et de la consommation de masse. L'indice le plus visible de cette restructuration est une indéniable concentration technique : accroissement des surfaces de vente et de l'assortiment, avec la naissance et la multiplication rapide des supermarchés et des hypermarchés. Ce processus de transformation des points de vente, qui, en imprimant sa marque sur le paysage urbain, notamment dans les entrées de ville, est perceptible par le commun des chalands, ne doit surtout pas masquer que la vraie concentration est d'abord financière et se fait selon des modalités à la fois verticales et horizontales. De ces multiples mouvements naissent de véritables groupes et de nouveaux équipements commerciaux. Citons, là, les mastodontes du secteur, Carrefour, Promodès, Casino, à la tête de plusieurs centaines de grandes surfaces. Face à ces « gros », il ne reste plus aux autres commerçants indépendants de plus petites tailles qu'à chercher par tous les moyens à sauvegarder leur existence. Leur pérennité passe en partie par la multiplication des phénomènes d'associations et de regroupements, qui, sur le même modèle que celui des grands groupes, débouchent sur une massification des achats et permettent donc de bénéficier de prix concurrentiels. Là aussi, de nouvelles structures traduisant une concentration verticale et horizontale apparaissent, de même que les formules de vente évoluent. Certaines de ces associations conduisent au développement des grandes surfaces (Groupement Leclerc, Intermarché...). D'autres s'appuient sur une

1. G. Duby (sous la dir. de), *Histoire de la France urbaine*, t. IV, *La ville à l'âge industriel*, Paris, Seuil, mai 1983, p. 541.

trame commerciale atomisée, par exemple un réseau de franchise[1].

En dépit de tout un arsenal de dispositions législatives et réglementaires visant à contrôler le nombre d'implantations de grandes surfaces, le processus de concentration dans le secteur du commerce de détail n'est pas stoppé. Il prend de la vigueur à l'échelle européenne, voire au-delà, car, dans une bataille qui s'annonce féroce entre groupes géants, du niveau de concentration dépend la capacité d'achats qui dicte les ristournes que ceux-ci peuvent obtenir auprès des fournisseurs et, donc, la compétitivité de leurs enseignes. S'appuyant sur la constitution de puissantes centrales d'achats, ces évolutions participent à une profonde refonte des relations et des rapports de force avec les producteurs, pourtant eux-mêmes en pleine recomposition[2].

Contrairement à ce qu'il est possible de constater pour le commerce de détail, il n'y a pas eu de concentration technique des facteurs de production : « Les grandes usines sont de plus en plus rares ! »[3] Pour autant, l'ensemble industriel n'a jamais été aussi concentré : au début des années quatre-vingt-dix, en France, 40 % des secteurs industriels fonctionnent de façon quasi monopolistique, 40 % connaissent une situation oligopolistique, alors que, dans seulement 20 % des cas, on est dans une situation de pleine concurrence[4]. Ces données

1. Pour les définitions des différentes formules de vente au détail ainsi que pour prendre connaissance des grands agrégats relatifs au commerce de détail, le lecteur peut se référer à la publication annuelle éditée par le Secrétariat d'État aux PME, au Commerce et à l'Artisanat, « Les chiffres clés du commerce ».

2. Cf. Eurostat, *Le commerce de détail dans l'espace économique européen*, Luxembourg, Office des publications officielles des Communautés européennes, 1995.

3. B. Merenne-Schoumaker, *La localisation des industries*, Paris, Nathan Université, « Géographie d'aujourd'hui », 1991, p. 29.

4. « Dans un secteur dominé par *n* groupes, les *n* – 1 premiers groupes se partagent moins de la moitié du marché et les *n* premiers groupes, plus de la moitié. On considère ici qu'un monopole est un secteur dominé par un groupe, un duopole par deux groupes, un oligopole par trois à dix groupes. Au-delà de dix groupes dominants, on parlera de

connaissent des variations suivant les grandes branches mais qui n'altèrent pas le constat général : dans le secteur le moins concentré, celui des biens de consommation, plus de 60 % sont en situation au moins oligopolistique. Ce processus de renforcement des structures économiques affecte même un secteur pourtant encore largement atomisé, le monde agricole, au travers du développement du mouvement coopératif. Celui-ci s'inscrit et dépend, de plus en plus, des grands groupes agroalimentaires : BSN, Nestlé...

Ces mouvements de concentration se comprennent essentiellement par la quête de la « masse critique ». La logique d'une croissance conglomérale visant à une diversification des activités des groupes cède le plus souvent le pas à des stratégies de rationalisation du processus de production et de commercialisation : recherche d'économies d'échelle et d'économies de gamme. L'échelle de référence de la concentration économique est aujourd'hui de plus en plus internationale et se réalise sous la pression des multinationales qui introduisent les appareils économiques nationaux dans un système monde globalisé[1]. Cette intégration est d'autant plus manifeste dans le cadre de la construction européenne : les rapprochements d'entreprises se multiplient, concourant à une extension des réseaux de production et de distribution où se trouve de plus en plus de façon sous-jacente, une logique où le national cède le pas à l'européen.

3. **Une logique de réseau.** — Tous ces processus de concentration s'intègrent dans des stratégies organisationnelles qui modifient fondamentalement les flux économiques interentreprises et intrabranches. Du fait même

concurrence » (d'après M. Amar et B. Crepon, « Les deux visages de la concentration industrielle : efficacité et rente de situation », article extrait du dossier intitulé « Comportement d'entreprises – Stratégies de groupes », *Économie et statistique*, n° 229, février 1990, p. 3-51 (p. 6)).

1. Sur l'importance des multinationales dans l'économie monde, cf. : CNUCED, *World Investement Report*, 1998.

de leur taille, les groupes et autres grosses entreprises ont la capacité de prendre en charge directement leur approvisionnement et/ou la commercialisation de leur production. La perturbation des flux économiques est d'autant plus vive que les groupes développent de véritables politiques de filières au travers de stratégies de concentration verticale. Tant en amont qu'en aval, sous-traitance, filialisation de fournisseurs ou de clients, création d'établissements spécifiques provoquent l'intégration totale ou partielle, ou tout au moins le contrôle, de la chaîne de production et de distribution des produits.

Les nouvelles potentialités relationnelles induites par l'amélioration des transports de marchandises et des outils de contrôle et de transmission de l'information rendent également possible une multiplication des échanges y compris entre des structures économiques de tailles hétérogènes et éclatées dans l'espace géographique. D'ailleurs, les groupes et les grandes entreprises sont avant tout des nébuleuses de PME-PMI. Cette configuration structurelle permet un maillage territorial fin : les réseaux logistiques transnationaux mis en place par les grands groupes concurrencent, de fait, directement les acteurs locaux, quand ils ne les ont pas déjà intégrés dans leur logique réticulaire suprarégionale. Conséquence, les PME strictement indépendantes sont de plus en plus rares[1]. Cela n'est pas exempt de conséquences sur les modalités des échanges.

Que ce soit par l'amélioration des possibilités de gestion des relations interindustrielles ou, plus largement, interentreprises, ou par l' « internalisation » d'une portion croissante des flux économiques, une constante s'impose : il y a de moins en moins de ces flux qui ne soient contrôlés ou contrôlables. La restructuration de l'appareil économique capitaliste, permise par le considérable renforcement des possibilités d'échanges, en

1. Malgré les apparences, il n'y a, par exemple, plus aucun conserveur de foies gras indépendant dans tout le sud-ouest de la France ! Il serait possible de multiplier les exemples dans beaucoup de secteurs.

induisant des relations directes entre les acteurs économiques, s'attaque aux bases mêmes de la légitimité des grossistes : l'atténuation de l'incommunicabilité entre des structures économiquement hétérogènes et géographiquement dispersées, couplée à une perturbation partielle des schémas économiques dendritiques, estompe la nécessité d'un intermédiaire en charge de la connexion entre l'offre et la demande. Celle-ci peut se faire selon d'autres modalités relationnelles. Si les échanges n'ont cessé de croître quantitativement et de s'amplifier géographiquement tout au long du XXe siècle, en liaison avec l'intensification de la division du travail et l'amélioration globale du niveau de vie, au moins dans les pays développés, à partir des années soixante, les grossistes ne sont plus les vecteurs et acteurs de cette croissance, du moins à titre dominant.

Chapitre II

LE COMMERCE DE GROS AUJOURD'HUI

Le monde a donc évolué. Sans doute moins inévitable, la place du commerce de gros dans la distribution est remise en cause, parfois vigoureusement. Certains le qualifient d'élément parasite dans les circuits de distribution. Dans l'homéostasie capitaliste où la constante essentielle est le profit, le commerce de gros paraît avoir été un obstacle à cet objectif ultime en devenant, suprême paradoxe pour un secteur dont la légitimité primitive était justement de favoriser la fluidité des échanges, un goulet d'étranglement[1]. Les petites entreprises, avec une aire d'influence locale ou régionale qui le compose pour l'essentiel, n'ont pas été capables de suivre le redéploiement spatial et économique du capitalisme, contrairement au XIXe siècle où elles en ont été l'un des supports.

Pourtant, en dépit d'éléments concrets d'appréciation illustrant une forte concurrence, ce qui, dans bien des cas, se traduit par un déclin absolu, l'appareil commercial de gros ne semble pas être au plus mal. Mais peut-on créditer le commerce de gros de l'ensemble de l'évolution statistiquement favorable de l'appareil commercial de gros, le premier étant l'émanation d'un secteur d'activité répondant aux critères de sélection restric-

1. Les coûts liés à la gestion des flux physiques et à la gestion des stocks ne sont pas faciles à mesurer ; de nombreuses estimations les situent aux alentours de 10 à 20 % du coût final d'un produit ; cette proportion suffit à comprendre l'enjeu que représente pour une entreprise, qu'elle soit de distribution ou de production, l'efficience logistique.

tifs posés dans le premier chapitre, c'est-à-dire le commerce de gros traditionnel tel qu'il s'est affirmé au siècle dernier, alors que le second relève de son expression statistique « officielle » (nomenclature de l'INSEE) ? Ce deuxième chapitre se propose de résoudre *in fine* cette apparente contradiction qui repose le problème de la délimitation du commerce de gros et finalement de sa pertinence actuelle dans un contexte où les frontières sectorielles deviennent de plus en plus floues.

I. — Une dissociation croissante entre fonction de gros et commerce de gros

Aujourd'hui, plus que jamais, l'activité de gros doit être conceptualisée selon trois dimensions imbriquées l'une dans l'autre : la fonction de gros, les institutions de gros et, enfin, le commerce de gros, pris comme l'une des institutions de gros. La seule constante est la fonction de gros, mais elle s'organise suivant de multiples modalités dont l'évolution, induite par la redéfinition des compétences entre les divers acteurs du système économique, est la manifestation la plus éclatante du déclin du commerce de gros.

1. **La multiplication des canaux de distribution**[1]. — Les grandes fonctions que sont la production, la vente en gros

1. Le thème des canaux de distribution a mobilisé de très nombreux auteurs, notamment anglo-saxons ; signalons simplement, ici, deux ouvrages français qui donnent un panorama satisfaisant des modalités de distribution : M. Filser, *Canaux de distribution*, Vuibert Gestion, 1989 ; Y. Chirouze, *La distribution, radioscopie des circuits de distribution en France*, Chotard et ass., 2e éd., 1990. La confusion, entre les termes de « canal » et de « circuit » est fréquente, alors qu'ils recouvrent une réalité différente ; le circuit doit être perçu comme plus large que le canal : « Le circuit de distribution est l'ensemble des canaux par lesquels s'écoule un bien entre le producteur et le consommateur » (Y. Chirouze, *op. cit.*, p. 20). Au sein de chacun des circuits, le canal doit être envisagé comme une « séquence d'institutions qui permet au produit d'être acheminé du producteur au consommateur » et se distingue donc par une organisation particulière (M. Filser, *op. cit.*, p. 8).

et au détail, ainsi que les multiples opérations qui leur sont attachées, sont les bases intangibles de la distribution ; elles demeurent la condition *sine qua non* du fonctionnement économique en permettant la confrontation de l'offre et de la demande. La perturbation de l'ensemble de la distribution réside, non dans leur remise en cause mais dans une nouvelle répartition de ces fonctions entre les diverses institutions constitutives du système économique, les producteurs, les grossistes et les détaillants mais aussi, et plus généralement, l'ensemble des entreprises. À une segmentation plus ou moins stricte entre ces intervenants liée à une affectation claire des tâches – production, vente en gros, vente au détail – est venue se surimposer une dissémination de ces fonctions fondamentales. Le mouvement d'intégration des opérations traditionnellement situées en amont et/ou en aval du cœur de l'activité des entreprises, et ce, aux différents points du système économique, concerne l'ensemble des fonctions et opérations inhérentes au secteur de la distribution. Cependant, en raison de sa position nodale, c'est la fonction de gros qui fait prioritairement l'objet des processus d'intégration. Le remodelage des flux économiques inter- et intra-entreprises qui en découle a favorisé le développement et la diversification des canaux de distribution.

A) *Une refonte drastique de la distribution des biens de consommation.* — La diversification des canaux de distribution n'est pas nouvelle. L'émergence, au siècle dernier, des grands magasins et des magasins populaires, l'essor du succursalisme, les ébauches de systèmes coopératifs, émanant des consommateurs ou du monde paysan, le développement des réseaux de commercialisation par certains industriels se caractérisaient tous par des processus d'intégration de la fonction de gros[1]. Cependant, le commerce de gros reste l'acteur principal de la distribution en

1. Pour le seul secteur industriel, des multinationales telles que Singer, Mc Cormick (machines agricoles), NCR (ascenseurs) ou Kodak ont dès l'origine développé une stratégie de développement et de contrôle de la fonction commerciale.

charge de la fonction de gros au sein du système économique parce que l'appareil commercial au stade de détail est encore massivement composé de petites boutiques indépendantes. Entre les années trente et cinquante, le commerce de gros est confronté à quelques difficultés et déjà certains n'hésitent pas à y voir un déclin de l'activité. Il est vrai que l'intégration de la fonction de gros a, semble-t-il, progressé ; il est ainsi possible d'observer le développement des réseaux de concessionnaires dominés par les industriels. Avec le recul, il apparaît cependant que les conjonctures, économique (crise des années trente) mais aussi politique, en étaient surtout la cause.

Tel n'est pas le cas des processus d'intégration qui se dessinent à partir des années cinquante. Le fantastique développement du commerce de détail intégré et associé, l'extension du contrôle exercé par les producteurs sur la commercialisation de leurs produits, sous forme de franchises ou de concessions..., tous trouvant pour leur stratégie un précieux allié dans les prestataires logistiques que sont devenus les entreprises de transport, modifient fondamentalement les réseaux de distribution. Ces réseaux s'organisent selon de multiples canaux. Plusieurs critères de classification s'offrent à qui veut essayer de retranscrire les différents cheminements des échanges[1]. La typologie proposée par B. Mac Cammon[2], basée

1. Le critère de la longueur est souvent utilisé pour établir une typologie des canaux. On parle ainsi de canaux long, court, ultra-court, la longueur étant fonction du nombre d'intermédiaires. Par exemple, le canal long est celui dans lequel chaque fonction est assumée par un intermédiaire indépendant. Un autre critère de classification repose sur les différences existant au niveau des formules de vente au détail (grossièrement, grandes surfaces ou petit commerce). Aucun des deux critères n'est apparu satisfaisant. Le critère de la longueur gomme nombre de différences organisationnelles. Quant au critère de la formule de vente il assimile tel format de magasin à telle modalité d'approvisionnement, ce qui n'est pas forcément le cas, et il ne reflète de toute façon qu'une portion de la distribution, celle transitant par le commerce de détail, réduisant le champ d'observation bien en deçà du domaine d'intervention du commerce de gros.

2. B. Mac Cammon, « Perspectives for Distribution programming », in *Vertical Marketing Systems*, Scotts Foresman, Glenview, 1970, *in* M. Filser, *op. cit.*

essentiellement sur la nature des relations unissant les différents membres, nous paraît être la mieux adaptée. Il distingue quatre types de canaux : les *canaux traditionnels* sont composés d'institutions rigoureusement indépendantes les unes des autres. Chacune d'entre elles développe sa propre politique commerciale. Les relations entre les différentes institutions ne sont nullement formalisées par un quelconque accord. Les grossistes y ont leur place ainsi que le petit commerce de détail indépendant. Les *canaux administrés* se singularisent des premiers dans le sens où un effort de coordination entre les membres est perceptible. L'une des institutions prend le commandement implicite du canal de distribution et oriente la politique commerciale des autres institutions en fonction de ses propres intérêts. Le canal peut être administré par le producteur, le grossiste ou le détaillant. La logique partenariale entre les producteurs et les grands distributeurs, connue sous le nom de *trade marketing*[1], rentre dans ce cas de figure ; point de contrat figé mais une fréquence relationnelle autorisant la conduite d'opérations de mercatique conjointes. Les *canaux contractuels* apparaissent comme une évolution du canal administré dans le sens où les relations entre les membres sont précisées dans un contrat. Rentrent, dans ce cadre, les groupements d'achats de détaillants, les chaînes volontaires, les réseaux de concession et de franchise[2]. Au-delà de la différence de leurs valeurs fondatrices, toutes ces organisations se traduisent par une convergence fonctionnelle concrétisée par des remaniements logistiques et une refonte des relations avec les fournisseurs.

Les *canaux intégrés*, enfin, sont ceux où une institution concentre toutes les fonctions de la distribution. Ce peut être une intégration en amont : un groupe de détail intègre

1. Traduction « officielle » : mercatique associée. Elle s'inscrit dans l'ECR *(Efficient Consumer Response)*, pratique visant à améliorer la productivité du canal par une meilleure circulation de l'information.

2. Cf. « Les chiffres clés du commerce », *op. cit.*

la fonction de gros (par la constitution d'une centrale d'achats et/ou de référencement), voire la fabrication. Ce peut être également une intégration en aval, un producteur intégrant la commercialisation de sa production.

Certes, les grossistes apparaissent dans tous les canaux ; il est donc difficile d'affirmer *a priori* que l'un ou l'autre soit favorable ou défavorable aux commerces de gros. Ils peuvent être l'institution initiatrice des changements survenant dans le canal de distribution et être à l'origine de la genèse de structures organisationnelles intégrées ou contractuelles. En outre, l'existence des canaux ne doit pas faire croire à une stricte segmentation des circuits de distribution. Dans les faits, si une institution de détail ou de production opte pour telle modalité de distribution, cela ne veut pas dire que toutes les marchandises transitent par ce même canal. Il n'est pas rare que des grandes surfaces dépendant pourtant de groupes de distribution intégrés s'adressent à des grossistes pour certains produits, afin de bénéficier de leur savoir-faire et de l'ancienneté de leur implantation sur le marché. C'est, par exemple, le cas pour certains fruits et légumes, alors qu'au contraire les produits d'épicerie circulent exclusivement dans une configuration intégrée. L'évolution de ces dernières années démontre cependant sans équivoque que les grossistes ont le plus souvent fait les frais de l'émergence des canaux intégrés et contractuels. La majorité des grossistes continue de s'insérer dans des canaux traditionnels, qui n'ont cessé de voir baisser leur influence dans les circuits de distribution des biens de grande consommation. N'oublions pas que c'est d'ailleurs leur raison d'être ; la crise d'une bonne partie du commerce de gros, c'est aussi la crise d'une logique distributive, de toute une forme de commerce avec des usages, des pratiques, un certain type de relations et de socialisation de l'acte de vente. Le déclin du canal traditionnel signe donc aussi le déclin du petit commerçant indépendant, libre de toute attache contractuelle. Dans une certaine mesure, c'est la fin d'une époque. L'évolution du commerce de détail[1] lors de ces dernières années doit donc être perçue comme défavorable aux entreprises de gros indépendantes : la croissance des canaux intégrés est d'abord la conséquence de l'accaparement du marché par les grandes surfaces, celle des canaux contractuels est liée à l'extraordinaire développement de la franchise[2]. Si la branche alimentaire a été la plus affectée, les circuits de distribution des produits non alimentaires sont de plus en plus touchés par l'intégration[3]. Le panorama est en définitive celui d'un renforcement des canaux intégrés et contractuels, fruit de la réorganisation des flux économiques dans le cadre de leur « internalisation » au sein d'ensembles monolithiques ou cimentés par des accords plus ou moins exclusifs de distribution, et où la présence du grossiste n'est plus nécessaire.

B) *La distribution des biens industriels*[4]. — La distribution de ces biens demande une attention particulière. Outre le produit de son activité, toute entreprise, tant industrielle que tertiaire, a besoin d'un certain nombre

1. Les réseaux de services ne font pas, à proprement parler, partie de la distribution ; il n'en demeure pas moins que, dans le domaine de la restauration, notamment, la multiplication des chaînes de restauration rapide, de cafétérias... n'a pas été sans influence sur les modalités d'approvisionnement du secteur (créations de centrales d'achats) et sur la viabilité économique des clients traditionnels des grossistes que sont les restaurants et les cafés.

2. Cf. « Les chiffres clés du commerce », *op. cit.*

3. Le bilan des autorisations d'ouverture de grandes surfaces données par les commissions d'équipement commercial montre clairement que la majorité relève du secteur non alimentaire : 20 % pour le bricolage-jardinage, 15 % pour l'équipement de la maison, par ex. ; les supermarchés et les hypermarchés généralistes ne représentent plus que 20 % des autorisations, et n'oublions pas qu'une fraction croissante de leur assortiment est non alimentaire (en 1996, Direction du commerce intérieur).

4. L'adjectif « industriel », trop restrictif, ne doit pas prêter à confusion : c'est l'ensemble des relations inter-entreprises situées en amont des canaux de distribution des biens de consommation qui est concerné. Qu'il s'agisse de biens intermédiaires, d'équipement ou d'une consommation plus courante importe peu. Les biens « industriels » s'entendent comme des produits qui, outre toutes considérations d'utilisation, de poids, de prix..., s'inscrivent dans des canaux destinés à l'approvisionnement du procès de production de biens ou services, en amont du marché de consommation.

d'*inputs* pour fonctionner. Ces échanges de biens s'insèrent dans des canaux distincts de ceux conduisant du producteur au consommateur. Là aussi les modalités de distribution sont hétérogènes, usant des services des grossistes ou s'en passant, du fait de processus multiformes d'intégration et d'association. Outre les contraintes induites par le coût et le niveau de services, il faut tenir compte de celles liées à la possibilité de choisir de déléguer ou non sa commercialisation. Les biens industriels, contrairement aux biens destinés au marché de consommation, offrent un degré de standardisation différencié qui en rend la commercialisation plus ou moins aisée. Pour les produits les plus standardisés, il existe assez peu de différences avec les produits de grande consommation. Il arrive même qu'une partie d'entre eux transitent par les canaux de distribution intégrés, générés par les grands groupes de distribution au détail. Ainsi, certaines grandes surfaces spécialisées dans le non-alimentaire voient une part conséquente de leur chiffre d'affaires gonflée par les achats d'utilisateurs professionnels, les artisans en particulier, spoliant les grossistes d'une fraction de leur clientèle traditionnelle. Pour cette gamme de produits, le facteur coût, mais aussi la qualité de la prestation de services dominent dans la genèse des différents canaux. La concentration de la production, très importante dans certains secteurs des biens intermédiaires et d'équipement, le développement des politiques de filières vers l'amont et/ou vers l'aval, parallèlement à l'amélioration globale de la logistique, favorisent les canaux intégrés et le développement de relations contractuelles, ou tout au moins directes, entre les producteurs et les acheteurs. Concurrencé, le canal traditionnel reste cependant vivace, au moins au niveau national, profitant de l'atomisation encore bien présente des acteurs économiques[1].

1. Bien que l'évolution des canaux de distribution des services ne soit pas abordée et n'ait pas à l'être, pour la bonne raison que les grossistes n'y interviennent pas directement, il paraît difficile d'occulter certains phénomènes induits passés et en cours, car ils ne sont pas sans

Pour les produits moins standardisés, l'intensité relationnelle avec la clientèle, sous forme d'échanges d'informations techniques, oblige le producteur à être plus « proche » de son marché. Dans certains cas, au-delà d'une question de choix stratégique, la délégation des fonctions commerciales est tout simplement irréalisable, en raison de la conjonction de deux facteurs : elle n'est pas possible eu égard à la complexité des produits ; elle n'est, de plus, ni souhaitable ni utile, du fait de la nature du marché, caractérisé par un nombre de vendeurs et de clients limités et d'une grosse taille. Des grossistes peuvent intervenir, mais, à cause des contraintes techniques, le schéma relationnel le plus fréquent reste le contact direct. Plus qu'une tendance récente, il s'agit là d'une constante historique que l'augmentation de la technicité des produits ne fait que confirmer.

L'internationalisation des flux, couplée à leur « internalisation », perturbe fortement les réseaux de distribution des biens industriels. L'intégration des approvisionnements en matières premières, produits semi-finis et autres *inputs*, et/ou de façon concomitante le renforcement de la maîtrise de l'écoulement de la production au travers du développement des réseaux de concessions et la création de filiales de commercialisation, font que le canal grossiste voit son influence à l'échelle nationale et internationale se réduire. Même si le processus, bien que plus ancien, ne soit pas aussi lisible que pour les biens de consommation, il n'en demeure pas moins réel et négatif

influence sur la circulation de ce type de biens. Ainsi, le développement de chaînes de restauration ayant une politique d'approvisionnement intégrée rendue possible par leur puissance d'achat et leur permettant de négocier directement avec les fournisseurs, a des répercussions négatives sur certaines branches de gros. Plus généralement, le développement de franchises (franchises célèbres : Novotel, Midas, Mc Donald's (en 1998, on compte près de 700 restaurants en France)) conduisant souvent à la gestion directe des approvisionnements en *inputs* nécessaires à l'activité (biens industriels divers) ampute un peu plus le canal grossiste. Il en va de même pour ce qui est des conséquences de l'affirmation de grands groupes dans le domaine de la prestation de services (hôtellerie, services marchands rendus aux entreprises ou aux particuliers).

pour les grossistes traditionnels et traduit également un éclatement de la fonction de gros entre différentes institutions.

2. **La diversification des institutions de gros.** — La nouvelle répartition des opérations logistiques et transactionnelles fait que les différentes fonctions (production, gros et détail) sont de moins en moins réductibles aux institutions classiquement chargées de les assurer. La vision de la distribution devient alors floue et il est de plus en plus difficile d'isoler un des maillons et de le caractériser par un rôle particulier. C'est dans le cas du commerce de gros, du fait de sa position intermédiaire, que la non-correspondance entre la fonction et l'institution est devenue la plus flagrante. Le commerce de gros n'est plus qu'un canal parmi d'autres. Le fort mouvement d'intégration et associatif a conduit à l'essor de diverses structures qui le concurrencent directement. La tentation devient alors grande de tout noyer sous le même vocable de « commerce » de gros devenant l'appellation éponyme de réalités bien différentes ; une démarche opposée consiste à nier implicitement l'existence du commerce de gros en rejetant aux oubliettes l'expression, préférant parler de sphère logistique, de « distribution interentreprises ». Pourtant, la fonction de gros telle qu'elle a déjà été décrite paraît constituer un palimpseste suffisant ; elle est l'élément stable sur lequel des modalités organisationnelles différenciées coexistent, certes à des stades nuancés de développement, d'obsolescence, mais qui répondent à une réalité datée et précise. En conséquence, l'étude du commerce de gros ne peut faire l'économie de la prise en compte permanente de deux autres dimensions : la fonction de gros, déjà définie, qui demeure intangible, et les institutions, qui n'en sont que les vecteurs interchangeables. Mais, à partir du moment où d'autres institutions ont la charge de la fonction de gros, qu'est-ce qui distingue encore le commerce de gros *stricto sensu* ? On peut s'interroger sur la pertinence de ce souci

d'identification : après tout, les autres institutions ne font-elles pas peu ou prou le même métier ? En partie oui, pourtant, cette exploration sémantique de l'expression « commerce de gros » est importante, car il s'agit non moins de se donner un repère fixe dans l'environnement mouvant qu'est la distribution ; on peut oser, pour le commerce de gros, la comparaison du phare dans la tempête, avec cette réserve que les coups de butoir de celle-ci en remettent dangereusement en cause les fondations.

A) *Les grossistes : une des institutions composant la sphère commerciale et logistique.* — Trois acteurs différents ont pratiqué l'intégration de la fonction de gros : les *détaillants* (le premier fut le grand commerce traditionnel, suivi des autres formes de grand commerce et des groupements de détaillants, ce qui a donné naissance aux centrales d'achats et aux groupements d'achats) ; les *producteurs* (ils commercialisent eux-mêmes leur production ou gèrent leur propre approvisionnement, sans passer par un intermédiaire) ; les *consommateurs* (coopératives de consommation, dont le développement est limité mais qu'il convient de citer). Enfin, bien que plus récent et avec des conséquences moins marquées, n'oublions pas non plus les mutations dans le secteur des services aboutissant à la création de centrales d'approvisionnement. Cette évolution s'est traduite par la multiplication des structures en charge de la fonction de gros, concurremment aux commerces de gros : les institutions de gros. Un premier découpage doit s'établir entre les institutions de gros indépendantes et les institutions de gros intégrées[1].

Sont considérées comme des institutions de gros indépendantes, celles qui participent à la fonction de gros sans être directement impliquées ni dans la production

1. La classification retenue qui est à quelques nuances près la plus communément utilisée est reprise ici de l'ouvrage de M. Filser, *op. cit.*, qui a le mérite d'être relativement simple tout en restant conforme à une réalité se prêtant mal à l'effort typologique.

des produits qu'elles commercialisent ni dans leur distribution au détail, du moins à titre principal. On trouve d'abord les institutions qui détiennent la propriété des marchandises dont la commercialisation leur incombe ; des marchandises achetées à une institution se trouvant à l'amont : producteur ou même autre négociant indépendant. Les opérations logistiques et les services qu'ils assurent sont rétribués par une marge. La prise de risque financier se couple à un fort degré d'indépendance, tant par rapport aux secteurs en amont qu'en aval. On peut distinguer deux types de négociants indépendants : les négociants à service complet et les négociants à service limité. Les premiers sont assimilables aux grossistes traditionnels. Ils assurent toutes les fonctions de gros et offrent un nombre de services très important (service après vente, crédit à la clientèle, assistances diverses...). Parmi ceux-ci peuvent être isolés : les grossistes à assortiment large (assortiment large et profond), les grossistes à assortiment étroit et profond, et les grossistes à assortiment spécialisé, c'est-à-dire qui se limite à une seule classe de produits mais avec une grande profondeur[1]. Les négociants à service limité, comme l'indique leur appellation, n'offrent pas toute la gamme des services pouvant accompagner la fonction de gros, mais se spécialisent dans une prestation bien précise. C'est dans cette catégorie que se classent les *cash and carry*[2], qui fonctionnent comme des grandes surfaces à l'usage d'une clientèle de professionnels, notamment dans le domaine de l'alimentaire (cf. chap. III, I, 2). Citons aussi le *rack-jobbing* : un grossiste prend en charge la

1. Au-delà de leur sens commun, la largeur d'un assortiment est conditionnée par le nombre de familles de produits (par ex., alimentaire, non-alimentaire (vêtements, chaussures, droguerie, papeterie...)), alors que sa profondeur correspond à l'importance des références par type de produits (par ex., les différents modèles de chaussures).

2. En fait, il faudrait dire le « payer-prendre » (*carry* : emporter ; *cash* : comptant (payer...)), en accord avec les différents arrêtés relatifs à la terminologie économique et financière. On peut aussi employer l'expression « libre-service de gros ».

gestion d'un rayon spécialisé dans un magasin de détail qui peut être une grande surface, sa rémunération consistant en un prélèvement d'une marge sur les ventes. En France, ce système demeure marginal, tout au moins dans le cas où ce sont effectivement des grossistes qui ont la charge du rayon. Autres formes de négociants à service limité, le grossiste-courtier (propriétaire des marchandises il n'assure aucune des fonctions logistiques), le grossiste-transporteur (les fonctions physiques tiennent une large place, et en particulier la fonction d'éclatement des marchandises réceptionnées aux dépens de toutes les autres opérations), qui, sans être une réalité importante, doivent être mentionnés. Contrairement aux négociants jusqu'ici décrits, d'autres institutions n'assurent pas la propriété des marchandises. Elles apparaissent plus comme des prestataires de services, agissant pour le compte d'autrui. On ne rencontre ces intermédiaires que sur des marchés spécifiques où la présence d'un intermédiaire spécialisé et compétent est une nécessité : exportation, fabrication à la commande, certaines matières premières... Ici aussi deux catégories d'intermédiaires existent. Les agents commerciaux (commissionnaires...), d'une part, bénéficient de plus ou moins d'autonomie dans les négociations et peuvent ou non engager la responsabilité de l'entreprise pour laquelle ils mènent une transaction. Leur rétribution s'effectue souvent sous la forme d'une commission (pourcentage prélevé sur le montant de la transaction). Les courtiers, d'autre part, qui, contrairement à la première catégorie, n'interviennent généralement pas dans la transaction et ne font que mettre en contact l'offre et la demande. Ils ont donc essentiellement un rôle d'information. À l'inverse des négociants, ces institutions ne prennent pas en charge les flux physiques et toute la partie logistique.

Alors que les institutions présentées ci-dessus, et plus particulièrement les négociants indépendants, agissent plutôt dans le cadre des canaux traditionnels, les institutions intégrées sont indissociables de l'émergence des canaux intégrés et associés, initiés principalement par les producteurs et les détaillants. L'intégration de la fonction de gros par les premiers, c'est-à-dire la maîtrise totale et complète de la commercialisation en aval de sa production, mais aussi de la gestion de ses approvisionnements, ne débouche pas forcément sur la constitution d'une institution particulière. Elle peut prendre deux formes principales : soit le producteur dispose d'un service interne affecté aux ventes et/ou aux achats, soit il crée une entité juridiquement autonome qui n'est chargée que de la commercialisation. De même, l'intégration de la fonction peut être totale ou partielle. Si l'intégration de la fonction de négociation (se traduisant par la mise en place de sa propre force de vente et/ou l'appel à un courtier ou un commissionnaire, ce qui n'est pas antinomique) et la sous-traitance des fonctions physiques à des transporteurs ou même à des grossistes est très classique, l'intégration globale de la fonction logistique est plus rare, quoique connaissant un fort développement depuis plusieurs années. Mais l'intégration totale de la fonction de gros nécessite de gros investissements (réseaux d'entrepôts, voire réseaux de distribution plus ou moins exclusifs sous forme de concessions ou de franchises) et sous-entend donc que le producteur ait un volume d'activité important. Le développement des grands groupes et les politiques de filières à une échelle internationale se traduisant par la constitution de filiales de production et de commercialisation, des accords de licence ou de concessions, le développement de *joint-venture*..., s'appuient souvent sur l'intégration de la fonction de gros. Les firmes multinationales s'insèrent dans une stratégie mondiale d'organisation des transports et de la logistique, dans laquelle les grossistes n'interviennent, lorsqu'ils interviennent, qu'au niveau national, et encore en aval d'une filiale ou d'un établissement chargé de distribuer les produits en fonction du ou des canaux les plus avantageux (cf. chap. III). Les importateurs classiques et les grandes maisons de négoce dominent de moins en moins les flux internationaux de produits non alimentaires, qu'ils soient de consommation ou industriels. Dans le secteur agricole, les groupements de producteurs, sous forme de SICA (Société d'intérêt collectif agricole), et de coopératives jouent souvent le rôle de commerce de gros, tant pour l'approvisionnement des exploitations agricoles que pour l'écoulement de leur production.

Lorsque la fonction de gros est intégrée par le détaillant, différentes structures apparaissent. Outre la mise en place d'un réseau d'entrepôts et de plates-formes dans le cadre ou pas d'accords de sous-traitance avec d'autres intervenants, tels les transporteurs, par exemple, la prise en main des fonctions de négociation aboutit à la constitution d'institutions spécifiques : les centrales d'achats et les centrales de référencement. L'existence et le développement des centrales constituent le fait majeur des bouleversements de la distribution. Leur force d'achat et la part de marché occupée par leurs adhérents leur permet de disposer d'un réel pouvoir de négociation. Elles ont véritablement révolutionné toute la distribution des biens de grande consommation et fait basculer du côté des distributeurs le pouvoir, aux dépens des producteurs.

La revue des institutions de gros ne serait pas complète si n'était pas rappelée l'évolution qu'a connue le métier de transporteur. De plus en plus d'entreprises de transport accompagnent leur fonction principale d'acheminement des marchandises de prestations allant de l'entreposage à la gestion de stocks. Ayant incontestablement eu un effet permissif sur le développement des relations directes entre les différents acteurs du système économique et la constitution des structures éclatées sur lesquelles reposent les grands groupes, c'est un aspect à ne pas négliger. Tous les prestataires de services participant à l'organisation de la logistique sont donc des concurrents potentiels des grossistes, dans le sens où ils vont faciliter l'intégration de la fonction de gros et permettre à l'entreprise les utilisant de se concentrer sur l'aspect transactionnel.

B) *Au-delà d'un commerce de gros éponyme, recherche des caractéristiques propres au secteur.* — Le commerce de gros est donc loin d'être le seul acteur à assurer tout ou partie des opérations inhérentes à la fonction de gros, et il devient de plus en plus difficile de l'isoler dans l'ensemble distribution. Cette situation est la conséquence de la conjonction de deux causes convergentes. En tout premier lieu, et cause principale, les grossistes traditionnels ne sont plus qu'une des institutions assurant la fonction de gros, et se pose dès lors un problème de délimitation entre les grossistes et les autres institutions de gros. Deuxièmement, et en réaction à cette évolution, les entreprises de gros ont développé des activités hors de leur cadre classique, la fonction de gros (cf. chap. III, IIe partie). Il découle de cette situation un brouillage de la perception de la distribution. Ce brouillage atteint son intensité maximum pour les grossistes. Aussi l'objectif est-il maintenant de définir ce qui peut faire l'originalité de ces derniers.

Deux critères d'identification du commerce de gros ont déjà été mentionnés à plusieurs reprises, au cours des paragraphes précédents. Le premier d'entre eux est la propriété des marchandises. Le grossiste possède en son nom propre les marchandises qu'il est chargé de commercialiser. Il prend donc un risque financier, et son activité est rémunérée par la différence entre le coût d'achat et le prix de revente des marchandises qu'il possède, moins les coûts inhérents à l'exercice de la fonction de gros. Le second critère d'identification est la nature de la clientèle. Bien que le grossiste s'éloigne de plus en plus de l'approvisionnement des détaillants et que, dans certains cas, il approvisionne directement le consommateur final par la mise en place d'un établissement de détail ou en pratiquant au sein de la même structure l'activité de gros et de détail (demi-gros), ce critère paraît tout à fait pertinent. La clientèle des grossistes est donc composée de détaillants, de producteurs, d'entreprises tertiaires et de divers utilisateurs professionnels[1]. Parfaitement valides, ces deux critères s'avèrent cependant insuffisants pour apprécier l'originalité du commerce de gros, car, parmi les autres institutions de gros, certaines répondent aux deux. Aussi, deux autres critères d'identification doivent les compléter : le niveau de service offert et l'indépendance de l'institution de gros par rapport aux entreprises en amont et en aval.

Le niveau de service offert par les grossistes peut être un critère d'identification dans le sens où la justification de son existence passe par sa capacité à assurer un certain nombre de services complémentaires aux prestations d'ordre purement physique. Mais toutes les institutions de gros peuvent assumer tout ou partie de la gamme des services liés à la fonction de gros, qu'ils soient d'ordre logistique, financier ou commercial. Certes, le commerce de gros peut offrir des services moins palpables, liés, par exemple à son expérience de tel ou tel marché, induite par l'ancienneté de son implantation, et aux effets de l'introduction de produits dans un assortiment plus large, sur leur vente. Cependant, ce critère d'identification reste difficile à appliquer, puisque, à l'intérieur même du commerce de gros, le niveau de service offert peut être très variable. Aussi, plus que la notion de niveau de service, mieux vaut retenir celle de service à autrui, hors de tout cadre intégré. Cette remarque introduit le dernier critère d'identification du commerce de gros, son degré d'indépendance par rapport aux autres membres du canal. Cette indépendance peut se caractériser sur deux plans, juridique et financier d'une part, en matière de politique commerciale et de liberté de choix

1. Selon l'Enquête annuelle des entreprises du commerce menée par l'INSEE, en 1997 la répartition des ventes des grossistes par type de clientèle s'établit de la façon suivante : approvisionnement des producteurs (33 % du chiffre d'affaires), redistribution des marchandises vers des grossistes ou des centrales d'achats (28 %), revente au commerce de détail (22 %) ; les autres clients professionnels (administrations, prestataires de services) comptent globalement pour 13 % et les ventes aux particuliers pour 4 %.

dans le développement de l'entreprise, d'autre part. Nous retiendrons le niveau d'indépendance juridique et financière. En effet, une dépendance, plus ou moins forte, peut exister, pour une institution de gros juridiquement « indépendante », par rapport à un marché ou un fournisseur. Cela ne doit surtout pas faire croire que la dépendance en matière de liberté commerciale des entreprises est moins importante que l'aspect strictement juridique. Simplement, elle entre moins en ligne de compte dans l'identification des commerces de gros que dans l'affirmation de l'hétérogénéité de l'environnement partenarial dans lequel ils agissent.

En fonction de ces quatre critères d'identification, le commerce de gros doit pouvoir être identifié dans le foisonnement des institutions de gros. Les négociants à service complet répondent à l'ensemble des critères et constituent la base traditionnelle de l'appareil commercial de gros. C'est tout naturellement qu'ils peuvent être définis comme des commerces de gros. Il en va de même pour les négociants à service limité. Ces derniers n'offrent pas toute la gamme des services pouvant accompagner la fonction de gros, mais rappelons que c'est la notion de services offerts à autrui qui doit primer. Les intermédiaires sont eux aussi indépendants, et la nature de leur clientèle les insère dans la trame des institutions impliquées dans la fonction de gros, mais il ne remplissent pas l'une des conditions nécessaires : ils ne possèdent pas la marchandise qu'ils sont chargés de vendre. Ils sont totalement déconnectés de l'aspect physique de la fonction de gros et tout ce que cela suppose en termes d'implantation spatiale et d'installations ; il n'y a pas la même prise de risque. Ils apparaissent comme des prestataires de services agissant pour le compte d'autres institutions d'un canal de distribution. Ils ne peuvent donc pas être pris en compte parmi les commerces de gros.

Les centrales d'achat et de référencement sont difficiles à différencier du commerce de gros, car elles en présentent toutes les caractéristiques, tant sur le plan des fonctions logistiques et commerciales qu'en raison de leur place dans la distribution. Pourtant elles ne doivent pas être assimilées à des commerces de gros. Elles ne sont pas indépendantes, puisque agissant dans le cadre d'un canal de distribution intégré, et ce sont justement elles qui concurrencent les commerces de gros et menacent leur existence, pour les produits de grande consommation tout au moins. En ce sens elles doivent être perçues non comme des commerces de gros, mais comme des institutions menaçant les commerces de gros indépendants !

Pour ce qui est de l'intégration de la fonction de gros par les groupes industriels, reprenons les deux cas de figure déjà présentés. Lorsque l'intégration ne se manifeste pas par la création d'une structure identifiable au sein du groupe mais par le développement d'un service interne chargé de la commercialisation, et si ce n'est des flux physiques, du moins de l'organisation de la logistique, la question de la prise en compte ou non de ce phénomène dans l'ensemble commerce de gros ne se pose même pas. Il en va différemment lorsqu'il y a création, sous forme d'une filiale, d'une structure spécialement chargée de la commercialisation de la production. La tentation d'exclure ces structures du commerce de gros est grande car elles ne sont chargées que de la commercialisation d'une marque de produits. Il n'y a donc pas tout le service lié à la présentation d'un assortiment (propos à nuancer, toutefois, avec l'émergence de grands groupes qui par filiales et rachats successifs constituent des gammes de produits complémentaires ou recouvrent, pour un même produit, différentes marques). Pourtant, il est difficile de ne pas en tenir compte pour trois raisons principales. La première, d'ordre méthodologique, est liée à la classification statistique existante. L'INSEE fait bénéficier ces structures d'un code les identifiant comme des commerces de gros : érigées en filiales, ces structures ont une existence légale autonome et une comptabilité indépendante. Il est donc malaisé de les isoler au sein de l'appareil commercial de gros, qui fait référence aux données de l'INSEE. La deuxième raison, induite par la première, c'est l'importance que tiennent ces entreprises dans le commerce de gros, figurant souvent parmi les plus importantes. Enfin, la dernière raison tient au rôle particulier que peuvent jouer ces structures dans le canal de distribution en se tenant à l'amont des grossistes plus traditionnels, et en particulier pour certains produits non alimentaires importés. Ces filiales doivent donc être considérées comme faisant partie de l'appareil commercial de gros ; même si leur autonomie est toute relative, il y a tout de même « externalisation » – dont il conviendra de débattre de la réalité – d'une partie des fonctions tertiaires internes. Le plus possible, il s'agira toutefois de les distinguer des entreprises de gros plus traditionnelles car étant l'émanation d'un autre secteur d'activité et traduisant *de facto* une « internalisation » de la fonction de gros. Il ne faut pas tomber dans la facilité qui consiste à fondre les différences entre commerce de gros traditionnel et ces institutions de gros plus ou moins proches dans leur fonctionnement mais distinctes dans leur inscription partenariale, car cela constitue la négation des évolutions sous-jacentes et empêche d'apprécier et de comprendre les bouleversements de la distribution et plus, de la société globalisée au sein de laquelle s'épanouit un système économique de plus en plus intégré. Une meilleure identification au sein des circuits économiques des acteurs permet de jauger les situations concurrentielles et donc la liberté d'entreprendre, de consommer dans le cadre d'un commerce à visage découvert. Au-delà d'un seul souci économique, conserver cette perspective peut aussi alimenter un projet de société où les petits entrepreneurs dans le commerce comme dans les autres secteurs doivent avoir leur place. Maintenir en ligne de mire le commerce de gros tel qu'il naquit et se développa au siècle dernier, c'est donc se donner les moyens de prendre toute la mesure des mutations économiques, de leurs enjeux et de leurs conséquences potentielles.

II. — L'apparente bonne santé économique de l'appareil commercial de gros

L'examen statistique du commerce de gros réserve des surprises. En dépit des tendances lourdes qui lui sont immanquablement néfastes, il ne va pas si mal. Certains secteurs témoignent même d'une activité importante, supérieure, certaines années, à celle du commerce de détail.

1. Le commerce de gros français au travers de quelques agrégats économiques.

Tableau II. — **Le commerce de gros en France, en 1997**

	Nombre d'entreprises	*Effectifs salariés*	*Ventes de marchandises (*)*
Produits agricoles bruts	8 077	22 400	296
Produits alimentaires	20 210	155 700	526
Biens de consommation non alimentaires	35 061	176 400	414
Biens intermédiaires non agricoles	17 171	190 300	526
Biens d'équipement professionnel et autres	38 845	268 300	448
Total	119 364	813 100	2 210

(*) en milliards de francs.
N'est prise en compte que l'activité commerciale principale (hors activités de transformation, de maintenance ou de services).

Source : INSEE, Le commerce en 1997, *Synthèse,* n° 23.

Le commerce de gros pèse un poids économique considérable. En France, avec près de 120 000 entreprises, il emploie presque 900 000 personnes[1]. Sa participa-

1. Nombre d'entreprises commerciales immatriculées au 31 décembre 1997 ; *id.* pour les effectifs.

tion à l'économie nationale est donc notable et s'établit aux alentours de 6 % du PIB marchand[1]. Cette importance économique réelle reflète, d'une façon qu'il est apparemment difficile de contester, une évolution économique qui, contre toute attente, se révèle globalement positive et, au pire, moins négative que ce à quoi on aurait pu s'attendre.

Lorsqu'on examine rapidement la situation de l'appareil commercial de gros français au cours de ces dernières décennies, on peut en dresser rapidement le tableau suivant. Si, de 1968 à 1975, le nombre d'entreprises de gros diminue (9,5 %), il ne cesse d'augmenter à partir de cette date, et, hors quelques années globalement défavorables en relation avec les données conjoncturelles du moment, cette évolution a été continue. Cette tendance favorable ne doit pas masquer la dichotomie d'évolution entre le secteur agro-alimentaire et les autres secteurs. Mieux, le retournement de 1975 n'est qu'apparent, car la baisse du nombre des entreprises constatée entre 1968 et 1975 était déjà imputable au seul secteur alimentaire alors que les autres secteurs voyaient le nombre de leurs entreprises croître. Seul, le solde entre les disparitions du secteur agro-alimentaire et les autres secteurs, de négatif est devenu positif. On ne peut en fonction de ce seul indicateur conclure à une évolution positive du secteur. La croissance ou la décroissance du nombre d'entreprises n'est pas en soi un élément permettant de juger de la santé d'un secteur. Une croissance du nombre d'entreprises peut être le signe, pas forcément positif, dans un contexte concurrentiel virulent, de l'absence de barrières à l'entrée dans une profession reflétant le caractère d'une activité ne nécessitant que peu d'investissements et de compétences. D'ailleurs, que le solde des créations soit globalement positif pour le commerce de gros ne doit pas faire oublier que le renouvellement des entreprises est très important avec un taux de défaillance

1. INSEE, 1994, Compte des secteurs commerciaux.

notable. *A contrario*, la baisse du nombre des entreprises peut être le signe d'une restructuration finalement positive...

L'évolution de la population occupée dans le commerce de gros confirme, peu ou prou, les tendances relevées pour les entreprises dans le sens où l'on constate sur plusieurs décennies un accroissement des effectifs : de 1968 à 1990, les effectifs du commerce de gros augmentent mais selon une progression qui n'est *a priori* pas régulière. Si, de 1968 à 1988, la population occupée dans le commerce de gros a augmenté de 220 860 individus, soit une croissance de près de 30 %, on peut observer sur la période des évolutions différenciées. De 1968 à 1975, la population occupée augmente de 12,7 % et de 1975 à 1982, de 12,6 %, alors qu'entre 1982 et 1988 la progression n'est plus que de 1,8 %. Il y a donc un net ralentissement de la croissance du nombre des personnes occupées dans le commerce de gros mais il n'y a pas arrêt. Celui-ci survient, accompagné d'une décrue significative des effectifs à partir de 1991 et jusqu'en 1995, atteignant une baisse maximale de 2,9 % en 1993, alors que s'amorce une reprise de l'emploi à partir de 1996 (0,4 %), confirmée par la suite. Ces évolutions reflètent clairement la conjoncture globale de l'emploi national ; le parallélisme est frappant entre le commerce de gros et les autres secteurs de l'économie, même s'il est possible d'observer des nuances[1] : une progression de l'emploi qui semble plus rapide dans le commerce de gros jusqu'au début des années quatre-vingt ; à l'inverse, une évolution qui paraît moins favorable dans les années quatre-vingt-dix, notamment si l'on compare le secteur avec le commerce de détail. En filigrane de la tendance globale il convient aussi de mettre en évidence deux évolutions concomitantes, l'une propre au secteur, l'autre commune à l'évolution économique nationale. Du point de vue sectoriel, la dichotomie d'évolution entre le secteur agro-alimentaire

1. Cf. notamment « Les facteurs d'adaptation du commerce de gros depuis 1980 », INSEE, *Économie et statistique*, n° 303, mars 1997, p. 95.

et les autres secteurs se confirme par le biais de l'évolution de la population occupée dans le commerce de gros. Dernière considération importante, l'augmentation touche essentiellement les salariés, les non-salariés voyant leur part diminuer de façon très importante, jusqu'au début des années quatre-vingt, le taux de salarisation évoluant assez peu par la suite pour s'établir un peu au-delà de 95 %. Seul l'agro-alimentaire voit baisser ses effectifs salariés à partir de 1975, ce qui s'inscrit dans la baisse générale de la population occupée dans le secteur. L'évolution globalement négative des effectifs non salariés, sur la période, n'est-elle pas l'indice de la disparition d'entreprises familiales peu dynamiques et/ou ne disposant pas d'une taille suffisante qui leur aurait permis de mieux résister à la concurrence, et particulièrement pour le secteur agro-alimentaire ? À l'opposé, l'arrêt de leur décroissance n'est-il pas le premier indice d'un assainissement structurel des entreprises ?

La croissance du chiffre d'affaires renforce le sentiment d'une évolution favorable du secteur au cours des décennies soixante-dix et quatre-vingt. Sauf accidents conjoncturels, cette évolution positive concerne tous les secteurs et sous-secteurs, y compris l'agro-alimentaire, bien que la progression y soit moins importante. En dépit de cette croissance, il convient de noter que, de 1980 à 1992, la croissance de l'activité du commerce de gros a été deux fois moins rapide que celle du PIB marchand. Même si le chiffre d'affaires du commerce de gros progresse durant les années quatre-vingt-dix, on ne peut que constater une baisse du poids du commerce de gros dans la formation de la richesse nationale.

Quel bilan tirer de ces quelques constatations statistiques sur l'appareil commercial de gros ? Certes, les années quatre-vingt-dix semblent être les témoins d'un ralentissement de la croissance du secteur, ralentissement qui peut parfois être imputé à des données conjoncturelles, par exemple l'année 1993, mais qui reflète aussi un déclin au moins relatif du secteur. Mais cela ne doit pas faire oublier les évolutions qu'a connu durant les décennies soixante-dix et quatre-vingt le commerce de gros[1]. Celles-ci sont d'autant plus notables que, lorsqu'on les compare avec celles du commerce de détail, elles sont loin de se faire en défaveur du commerce de gros. Ce développement plus favorable laisse d'ailleurs entrevoir l'autonomisation de plus en plus importante du commerce de gros, par rapport à ce secteur sous le double effet d'une modification de la clientèle et d'une réorientation de l'activité des grossistes vers la distribution des biens industriels.

Aussi surprenant que cela paraisse, l'évidence est là, le développement du commerce de gros dénote, pour les décennies soixante-dix et quatre-vingt, un réel dynamisme et, pour le reste, une évolution moins négative que celle à laquelle on était en droit de s'attendre. Une première lecture des données statistiques plaide en faveur de l'innocuité des transformations introduites ces dernières décennies. Il est pourtant non moins indéniable que des bouleversements à la fois structurels et dans les modalités relationnelles intra- ou interentreprises existent. L'essor des canaux de distribution concurrents des grossistes en constitue une manifestation concrète. Quelle interprétation donner à ces deux constats apparemment antinomiques ?

2. **Lecture critique de l'évolution statistique du commerce de gros.** — En 1975, dans les colonnes de la revue *Commerce de gros*, les données statistiques aidant, certains osaient parler du « redressement spectaculaire du commerce de gros »[2]. Moins qu'un déclin, l'évolution

1. B. Piens, « Dix ans de commerce de gros », *Économie et statistique*, n° 120, mars 1980, p. 25-38 ; J. Albert, « L'emploi dans le commerce de 1962 à 1986. Rupture en 1968 et 1982 », *Économie et statistique*, n° 196, février 1987, p. 45-53.

2. J.-G. Mérigot, « Les problèmes fondamentaux du commerce de gros », *Commerce de gros*, n° 100, septembre-décembre 1975, p. 3-9, p. 4.

défavorable d'une partie de l'appareil commercial de gros pouvait être perçue comme un incident momentané provoqué par une incapacité à s'intégrer dans le réaménagement logistique et à assurer, dans ce nouveau cadre, les fonctions distributives de façon efficace. L'évolution positive qu'il connaît depuis peut signifier *a contrario* que le commerce de gros a entamé une série de mutations techniques ayant permis son adaptation aux bouleversements globaux du système économique. Cette évolution du secteur aurait en outre été favorisée par l'émergence d'un faisceau de causes exogènes favorables : augmentation des échanges, réticences de certains acteurs économiques à une intégration dominatrice, sophistication et multiplication des produits, permanence de la nécessité du stockage dans de nombreuses filières, toutes choses appelant au maintien d'un intermédiaire indépendant dans les circuits de distribution.

Sans remettre en cause l'existence de phénomènes internes et externes favorables au commerce de gros, et avant même d'apprécier leur réalité (cf. chap. III), il faut bien admettre qu'ils ne suffisent pas à tout expliquer. On peut même aller plus loin, jugeant cette lecture peu crédible car en contradiction avec le constat de l'émergence des canaux concurrents. Il importe de questionner la validité des données statistiques utilisées pour définir les contours de l'appareil commercial de gros national. C'est avant tout sur la pertinence de la classification de l'INSEE que l'on doit s'interroger. Toute entreprise se voit attribuer un code APE (Activité principale exercée) la rattachant d'office à l'un des secteurs de l'économie, définis en référence à la NAF (Nomenclature d'activités française). Le commerce est regroupé sous trois codes (50, 51 et 52), le commerce de gros étant rassemblé, avec les intermédiaires du commerce, sous le seul code 51. À ce dernier niveau, le commerce de gros se divise en cinq grands secteurs : produits agricoles bruts, produits alimentaires, biens de consommation non alimentaires, produits intermédiaires non agricoles, biens d'équipement professionnel. Chacun de ces secteurs est subdivisé en plusieurs sous-secteurs, au total 46, sans compter une classe supplémentaire destinée à regrouper les commerces de gros non répertoriés ailleurs, sous le vocable « autres », ainsi qu'une classe spécifique pour le commerce de gros d'équipements automobiles rangé dans le secteur du commerce et de la réparation automobile[1].

L'affectation, par l'INSEE, d'un code à une entreprise se déroule en trois stades. Dans un premier temps, il s'agit de définir dans laquelle des trois grandes catégories entre l'entreprise : production, commerce ou services. Le choix se fait en fonction du volume d'affaires réalisé au sein de chacune des catégories, si tant est que l'entreprise ait des activités dans plusieurs d'entre elles. Une fois la sélection opérée, en l'occurrence ici le commerce, il s'agit de préciser l'affectation et de savoir si l'entreprise appartient au groupe des intermédiaires du commerce, du commerce et de la réparation automobile, du commerce de gros ou du commerce de détail. Les entreprises pouvant avoir plusieurs de ces activités, il convient alors de déterminer, toujours en termes de chiffre d'affaires, laquelle est la plus importante. Enfin, l'entreprise ayant été reconnue en tant que commerce de

1. Cette nomenclature qui représente l'élément français du réaménagement statistique européen constitué par la NACE (Nomenclature d'activités de la Communauté européenne) est venu remplacer la défunte NAP (Nomenclature d'activités et de produits) à partir de 1993. Cette nouvelle nomenclature présente une indéniable amélioration par rapport à l'ancienne. Elle est plus détaillée puisque précédemment le commerce de gros n'était divisé qu'en trois grands secteurs (alimentaire, non alimentaire et interindustriel) subdivisés en 37 sous-secteurs. Ainsi, les commerces de gros agroalimentaire et interindustriel ont été restructurés chacun en deux groupes principaux : produits agricoles bruts et produits alimentaires, d'une part, produits intermédiaires non agricoles et équipements industriels, d'autre part. En outre, des redistributions sectorielles ont été opérées en fonction de la nature de la clientèle, professionnelle ou composée principalement de particuliers ; c'est notamment le cas du matériel électrique et électronique. Certains sous-secteurs ont été créés de toute pièce ; un seul exemple dans le secteur des produits alimentaires, celui des produits surgelés. En fin de compte, les filières de distribution sont mieux mises en évidence, ce qui permet une meilleure lecture du fonctionnement et du devenir très différencié du commerce de gros.

gros, et toujours en se basant sur le chiffre d'affaires, elle est classée dans un des cinq grands secteurs de gros et ultérieurement s'intègre dans un des sous-secteurs. Cette méthode est intéressante à dévoiler car elle permet de démontrer, et ceci n'est pas sans importance, que le rattachement des entreprises à un sous-secteur est le résultat d'éliminations successives. Cela n'exclut pas que l'entreprise ait des activités autres que celles liées à la fonction de gros ou même à la fonction commerciale et, d'autre part, que l'assortiment des produits qu'elle vend soit plus large que ce que ne le laisse croire le code APE. Ce processus, procédant certes d'une certaine logique, aboutit donc à un résultat critiquable dans la mesure où le code définitif masque une partie qui peut être non négligeable de l'activité de l'entreprise, fréquemment une activité de détail pour une entreprise de gros, mais aussi une activité industrielle ou de services. Le dynamisme de l'appareil commercial de gros est loin de recouvrir uniquement la simple fonction d'intermédiation entre utilisateurs professionnels !

Outre quelques classements erronés ou discutables d'entreprises dans le commerce de gros, participant à une surestimation de l'appareil commercial et faussant donc les données statistiques diachroniques, l'évolution favorable du commerce de gros masque surtout et paradoxalement la progression des phénomènes d'intégration et le développement de relations contractuelles, pourtant définis comme néfastes pour le commerce de gros. Bien qu'il ait été décidé de les intégrer, il est à cet égard instructif de souligner la place qu'occupent les filiales de commercialisation de grands groupes industriels ; nous verrons que le processus d'« externalisation » de la fonction de gros s'est largement effectué par la constitution de filiales de commercialisation juridiquement indépendantes (cf. chap. III, Ire partie). Il sera de même possible de constater que beaucoup d'entreprises de gros s'avèrent être simplement l'un des maillons de la chaîne logistique développée par de grands groupes multinationaux ou même d'envergure simplement nationale. Ainsi, de plus en plus de grossistes sont des concessionnaires ou des distributeurs exclusifs de certains producteurs. Certes juridiquement indépendantes, ces entreprises ne s'assimilent-elles pas aux filiales de commercialisation ? Au travers d'accords contractuels plus ou moins restrictifs pour les grossistes, aboutissant à en faire des sous-traitants passifs auxquels échappent, entre autres choses, la définition de la politique commerciale et, en grande partie, le choix des produits constituant l'assortiment, n'est-ce pas en fait l'une des formes de l' « internalisation » des flux économiques et du renforcement du contrôle de la distribution de leurs produits par les producteurs ? De fait, un canal de distribution comptant un niveau intermédiaire indépendant entre l'acheteur et le vendeur n'est pas forcément un canal traditionnel. Dans la figure ci-dessous, seul le cas n° 1 mérite vraiment l'appellation de « canal traditionnel », car il n'y a que dans ce cas que les institutions qui y sont présentes sont rigoureusement indépendantes et les relations entre chacune d'entre elles nullement formalisées par un quelconque accord. Pourtant, dans les deux autres canaux, les institutions médianes sont également reconnues comme des grossistes, au moins statistiquement. Ce qui caractérise ce phénomène, c'est moins sa nouveauté que l'ampleur qu'il semble prendre au cours de ces dernières décennies. Tout cela renforce le flou autour de la notion de commerce de gros, déjà entretenu par les institutions de gros non considérées comme grossistes et ne rentrant pas à ce titre dans la composition de l'appareil commercial de gros.

La question du déclin du commerce de gros dans sa stricte acception, demeure donc entière, l'évolution de l'appareil commercial de gros semblant être en partie la manifestation d'une inadaptation de l'appareil statistique[1] couplée à une dénaturation des activités des entre-

1. De ce point de vue, la mise en place et l'utilisation de la NAF, à partir de 1993 n'a rien apporté de nouveau. Une réelle amélioration dans la lisibilité des modalités de distribution dans les différents circuits

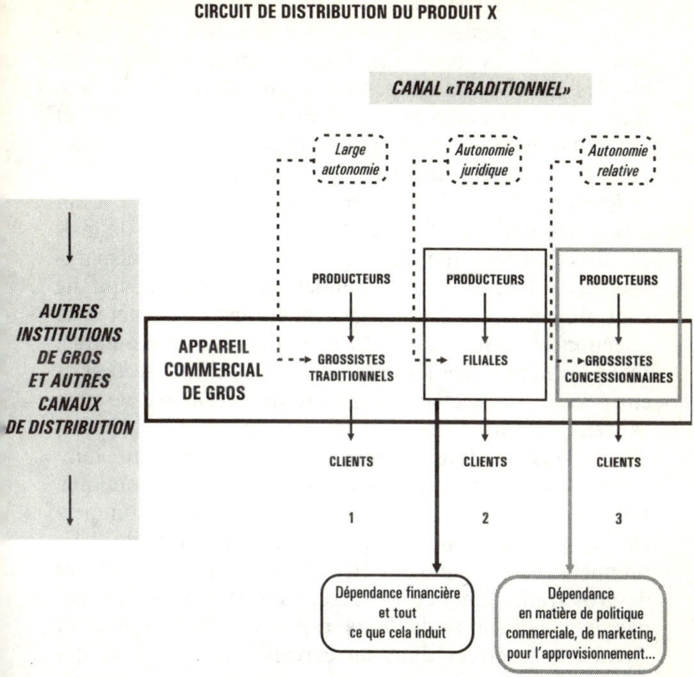

Fig. 1. — Les différentes facettes du canal traditionnel

prises et à une perte de l'indépendance commerciale. Dans quelle mesure est-elle aussi le résultat d'une régénération du commerce de gros traditionnel due tant à des facteurs environnementaux favorables qu'à des mutations internes ? Qu'en est-il de l'évolution des entreprises vraiment traditionnelles ? L'évolution constatée n'occulte-t-elle donc pas à la fois la continuation du

aurait consisté à superposer, au nouveau découpage sectoriel, un codage supplémentaire avec la spécification suivante : commerce de gros intégré, associé ou indépendant.

déclin d'une partie considérable de celles-ci et un profond renouvellement des acteurs ? Suivant les réponses apportées à ces questions, vont vraiment pouvoir être jaugées les chances de pérennité du commerce de gros traditionnel et indépendant, dont la fonction, le rôle et le positionnement dans la distribution se sont affirmés dans la deuxième moitié du XIXe siècle.

Mais le diagnostic définitif ne peut être unique. Loin d'être une entité uniforme, le secteur commerce de gros est aussi la résultante d'un agrégat d'entreprises disparates agissant dans des environnements divers et qui ne sont réunies que par une fonction et quelques critères de sélection les démarquant du reste du tissu économique. Dans les faits, entre les entreprises d'un même secteur et entre les divers secteurs d'activité du commerce de gros existent de fortes nuances faisant que tant l'évolution passée que le développement futur ne peuvent faire l'objet d'une approche strictement macroéconomique. Le jugement que l'on doit porter sur l'appareil commercial de gros doit tenir compte d'une double dualité. Une première dichotomie peut être établie entre le commerce de gros traditionnel et les entreprises de gros dénaturées par le « substrat » de leurs rapports avec l'amont et l'aval car enserrées dans un carcan contractuel ou qui sont des concessionnaires, ce qui se traduit par une intégration indirecte mais tout aussi réelle, voire qui sont l'expression de l'intégration de la fonction de gros (les filiales de commercialisation). Lequel de ces deux groupes d'entreprises dominera le plus dans la photographie future de l'appareil commercial de gros ? En d'autres termes, au-delà des mutations que le secteur peut entamer, des adaptations qu'il peut tenter au sein du nouveau contexte relationnel, reste-t-il une place pour un commerce de gros indépendant, dans quels secteurs et à quelles conditions ? Ensuite, au sein même du seul commerce de gros traditionnel, cet ensemble composite, ne peut-on distinguer les entreprises ayant des chances de pérennité de celles étant condamnées à disparaître en fonction de leur niveau d'adaptation aux conditions de la logistique moderne et/ou de l'environnement concurrentiel de leur branche d'activité, ce dernier limitant leurs capacités de réaction, voire interdisant tout espoir de développement ?

Chapitre III

LES TRANSFORMATIONS DU SECTEUR ET SA PERTE D'IDENTITÉ

A partir des années soixante-dix, le commerce de gros est traversé de nombreuses mutations. Moins visibles que les transformations au stade de détail, mieux connues du grand public car interférant avec sa pratique de consommateur quotidien, elles n'en sont pas moins réelles. Cette discrétion a conduit à développer l'expression paradoxale de « révolution silencieuse ». Silencieuse certes, mais dont on repère pourtant sans peine les contours et les manifestations. Le commerce de gros d'aujourd'hui est bien différent dans ses structures, ses outils et ses hommes. Cela n'exclut pas, par ailleurs, le maintien d'une frange conservatrice, par nécessité ou par goût, voire une certaine forme de misonéisme.

Quelles sont les mutations opérées et en cours ? Celles qui doivent être entamées par les grossistes ? Le commerce de gros ne risque-t-il pas de laisser son âme à trop vouloir s'adapter, en développant par exemple une tendance à l'intégration ? Paradoxalement, quelques-unes de ces mutations, du fait de leur configuration et des objectifs poursuivis, ne sont-elles pas la confirmation implicite de l'obsolescence d'une certaine forme de distribution dont le commerce de gros, intermédiaire indépendant chargé de la seule fonction de gros, facilement isolable, était l'élément central ? La question de la pérennité du commerce de gros traditionnel revient en définitive de façon lancinante, d'autant qu'au-delà même de ces interrogations on peut se demander si ces mutations, aussi importantes et inévitables soient-elles, sont suffisantes pour lui garantir une place dans la distribution future, dans quels secteurs et à quelles conditions.

I. — Les mutations du commerce de gros

Des enquêtes menées auprès des chefs d'entreprise du commerce de gros montrent que ceux-ci ont très vite été conscients des dangers menaçant leur secteur d'activité[1]. La fréquence des avis favorables autour de quelques grands thèmes, émanant tant des professionnels du secteur que d'analystes et de chercheurs, permet de fixer un contour assez normatif des mutations perçues comme nécessaires. La modernisation des outils de travail, c'est-à-dire des outils de gestion et de transmission de l'information, mais aussi de manutention et d'organisation des flux physiques, de même que le développement et l'amélioration de la prestation de services en tant que facteurs plaidant pour une utilité spécifique du commerce de gros, ainsi que la restructuration des entreprises du commerce de gros, implicitement encouragée par le processus de modernisation et d'extension des services, apparaissent à tous comme d'indispensables étapes dans l'incontournable quête de compétitivité. De plus, menacés par des processus d'intégration et des politiques de filières, l'extension des activités des grossistes hors de leurs limites traditionnelles, la fonction de gros, vers des activités connexes paraît logique et souhaitable, voire inévitable dans certains secteurs. Qu'en est-il aujourd'hui de la mise en route effective de ces mutations[2] ?

1. COFREMCA, Ministère de l'Industrie, Ministère du Commerce, CFCG : *Étude sur les relations entre producteurs industriels, négoce de gros et utilisateurs industriels ou détaillants*, 1989.

2. En l'absence d'études récentes et propres au commerce de gros sur tout ou partie de ces thèmes, il est difficile de livrer une image exhaustive des transformations du secteur. Le bilan est nécessairement « impressionniste ».

1. **La modernisation des outils de travail du négoce.** — Facteurs de productivité, de rentabilité, éléments de plus en plus indispensables du contact avec les fournisseurs et le marché, les techniques de traitement et de transmission de l'information et l'automatisation des opérations de stockage sont de précieux critères de jugement sur les perspectives des entreprises. La modernisation prend une dimension toute particulière dans le cas du commerce de gros, du fait que ces outils sont tout à la fois une opportunité pour les grossistes mais aussi un des principaux vecteurs de la concurrence dont ils font l'objet (chap. I, IIe partie). Autant dire que l'adoption de ces outils revêt une grande importance pour ceux-ci. Ils sont la condition certes non suffisante, mais en tous les cas nécessaire à leur maintien et à leur insertion dans la logistique de cette fin de siècle car participant à l'objectif prioritaire des négociants qui est de diminuer les postes de coûts, diminution induite et permise par les gains de productivité dégagés. De ce point de vue, la connivence entre l'activité grossiste et ces différents outils est indéniable. La modernisation des outils touche potentiellement les principaux postes de coûts de la fonction de gros : rationalisation des opérations de manutention et de stockage et en général de tous les coûts logistiques qui représentent une bonne part des coûts d'intervention des grossistes, meilleure organisation de la partie administrative (facturation par exemple), rotation des stocks optimale...

Mais la complicité théorique entre opérations de gros et applications fonctionnelles de l'informatique ou des autres outils, se manifeste-t-elle, et est-ce de façon optimum ? Le commerce de gros est un secteur aujourd'hui très informatisé puisque le taux d'équipement dépasse les 90 %. Le constat est identique en matière d'outils de transmission de l'information. Déjà, en 1989, près de 90 % des commerces de gros utilisaient le Minitel. Aujourd'hui, à défaut d'une utilisation notable d'Internet, quoique en progression très rapide, la télécopie, les échanges de données informatisées sont fréquents, y compris parmi les plus petites entreprises. Tout comme pour l'informatique, la baisse des coûts des matériels et des services a joué dans le sens d'une généralisation de l'utilisation de ces outils. Cette démocratisation des matériels paraît moins évidente pour ce qui est de l'automatisation du stockage. L'importance de la gestion et de la transmission de l'information ne doit pas faire oublier que le métier de grossiste comporte de nombreuses opérations physiques liées à l'acheminement des produits. Les gains en termes de rapidité dans l'accomplissement des tâches sont potentiellement très importants et dépendent grandement des choix techniques opérés : on peut trouver des situations allant de l'automatisation totale à la mécanisation partielle de la manutention. Dans le premier cas, c'est le fonctionnement global de l'entreposage qui est transformé. La diminution des frais de manutention est conséquente grâce notamment aux économies en personnel, sans compter que l'adressage automatique des articles par le biais du code barres et de la lecture optique garantit une qualité d'inventaire de l'ordre du zéro défaut. Souvent synchronisé avec la gestion du stock en temps réel, c'est toute la productivité de l'entreprise qui s'en trouve renforcée. Mais ce type de matériel comporte des contraintes à la hauteur de ses qualités et des espoirs qu'il fait naître. Le plus souvent il nécessite une réorganisation totale de l'entreposage, si ce n'est d'ailleurs une construction neuve, ce qui en soi, déjà, peut heurter les habitudes prises, à quoi il faut rajouter son coût d'achat et d'installation. Dans les faits, toutes les entreprises ne peuvent donc pas se permettre de tels systèmes. L'atomisation des entreprises de gros et la faiblesse corrélative des possibilités d'investissements constituent là un handicap certain dans les branches de gros où la logistique est déjà fortement intégrée. Cela ne doit cependant pas faire oublier que des progrès dans la mécanisation des opérations de manutention sont très sensibles. La plupart des entreprises de gros, y compris parmi les plus petites, se sont dotées d'équipements de levage (monte-charge, grues...) et de translation horizontale motorisés (transpalettes et chariots divers porteurs/élévateurs) adaptés aux nouveaux contenants de l'intermodalisme : le conteneur dans ses diverses dimensions et la palette. Bien que moins performants que les matériels automatiques, ces divers outils apportent des améliorations partielles et permettent des réductions de coûts, notamment en termes de main-d'œuvre. Leur impact est d'autant plus bénéfique que l'emploi du code barres s'est généralisé. Mais cela ne signifie pas une optimisation de leurs retombées potentielles, car ils peuvent s'inscrire dans un fonctionnement préexistant avec tous ses défauts : mauvais rangement des produits, mauvaise organisation des allées et venues internes...

La possession des outils ne signifie pas la maîtrise de leur utilisation qui, seule, va conditionner les impacts sur l'efficience des entreprises, et, de ce point de vue, d'assez fortes divergences existent dans l'emploi de ces divers outils avec pour conséquences des résultats nuancés quant aux gains de productivité et à l'efficacité attendue dans l'accomplissement des tâches. Ainsi, une informatique administrative, généralisée chez les grossistes n'a pas les mêmes effets que celle consistant à améliorer la gestion des stocks, le réapprovisionnement, les relations avec les clients et les fournisseurs... Là, la situation est très différenciée car elle dépend grandement du potentiel d'investissement des entreprises : possibilité d'investir dans des logiciels *ad hoc*, de payer des consultants informatiques... *A fortiori*, les entreprises qui disposent d'une automatisation s'articulant sur ses trois composantes, l'informatique, l'automatisation du stockage et l'usage des télécommunications, le tout de façon optimale, sont extrêmement rares. Pourtant, la productivité dans le secteur n'a cessé de s'améliorer, mais il faut noter que cette amélioration, différenciée selon les grands secteurs, l'est aussi selon les entreprises classées par taille. En fait, le parallélisme frappant entre la courbe de la productivité du travail et la taille des entreprises révèle d'incontestables économies d'échelle. Cela est d'ailleurs confirmé par la distribution du potentiel d'investissement : les entreprises de 3 à 19 salariés qui représentent 45 % des effectifs d'entreprises sont celles qui fournissent l'effort d'investissement le moins important, soit entre 5 et 6 % du total[1].

Cela nuance le bilan de la modernisation des outils de travail dans le commerce de gros. Le niveau minimum d'investissements requis favorise les entreprises d'une certaine taille. Incidemment, malgré un nivellement de l'équipement, il semble bien que l'utilisation de ces outils accentue la dualité entre les petites et les grosses entreprises, quant à leur compétitivité induite et, donc, quant à leur pérennité face à la concurrence des distributeurs et des producteurs. Cette généralisation n'exclut pas que de petites entreprises, soit n'aient pas fondamentalement besoin d'une automatisation totale pour assumer efficacement leur activité, soit aient réussi une informatisation efficiente. Inversement, cela ne veut pas dire que la qualité de l'automatisation est forcément croissante avec la taille et est un gage absolu de pérennité. Certes, l'utilisation partielle des outils de l'automatisation n'est pas l'apanage du commerce de gros, mais partant du principe que la taille de l'entreprise est le facteur limitatif majeur à l'optimisation de l'automatisation, et donc de la réalité des impacts de ces outils sur la productivité, l'atomisation des entreprises de gros traditionnelles constitue un indéniable handicap dans la course à la compétitivité.

2. **Le développement de la prestation de services.** — Chez les professionnels du secteur, les organisations

1. Pour les années soixante-dix, deux études sont intéressantes pour saisir la progression de la productivité du commerce de gros en France : P. Persuy, « Le commerce depuis 1959 : un développement de type industriel ? », *Revue de la concurrence et de la consommation*, n° 24 ; B. Piens, *op. cit.* Pour une mise au point plus récente, cf. INSEE, *Économie et statistique*, n° 303, *op. cit.*

syndicales comme dans les rares études consacrées au commerce de gros, il se dégage un consensus autour de la nécessité pour les grossistes de développer leur prestation de services. Deux cas de figure doivent être distingués : l'amélioration des services classiques et l'accroissement de la prestation par l'introduction de nouveaux services ou de services antérieurement peu développés.

Les services classiques se confondent avec les fonctions et opérations traditionnelles du commerce de gros à savoir le stockage, le fractionnement, l'allotissement, le groupage. Au sein de chacune des fonctions de gros, doivent être distinguées les opérations physiques du ou des services qu'elles supposent. Il ne s'agit pas seulement d'assurer avec le plus d'efficacité possible un rôle dans la distribution des produits, ce qui est déjà en soi un service. Il s'agit de le faire de telle façon qu'un service – ou des services – particulier existe. Autrement dit, les opérations physiques – l'action de stocker, de fractionner, de grouper... – qui sont l'élément stable du service grossiste, peuvent se doubler de services complémentaires, mais qui n'en sont pas moins importants. Présents ou non, de bonne qualité ou imparfaits, ce sont eux qui participent en partie à l'amélioration des services classiques et qui peuvent s'avérer déterminants pour telle entreprise de gros, ou même le commerce de gros pris globalement. Par exemple, pour le stockage, le service complémentaire peut être d'intégrer les produits stockés dans un assortiment diversifié. Tel industriel peut ainsi bénéficier de la notoriété de grandes marques pour écouler ses produits. Un assortiment large et/ou profond profite aussi à la clientèle, qui, de ce fait, n'a pas besoin de prendre plusieurs contacts. Le renouvellement permanent de l'assortiment, la nécessité d'une réflexion autour de son contenu, constituent l'une des étapes fondamentales de l'amélioration du service rendu. Dans le même ordre d'idées, des entreprises pratiquent ce que nous pourrions appeler « la multispécialisation complémentaire ». Un exemple symbolique, mais en l'occurrence pas fondamentalement nouveau, est fourni par les négociants dont la fonction principale est la collecte de matières premières agricoles, mais qui, pour rendre service aux agriculteurs, développent aussi une activité de vente en *inputs* nécessaires à l'exploitation (engrais, voire outillage agricole). Ce sont des services que les filiales des groupes industriels, aussi large que soit la gamme des produits fabriqués par ces derniers, peuvent difficilement rendre. L'amélioration de la fonction de redistribution peut consister à assurer la présence d'une marque sur tout un territoire et supporter le coût d'une clientèle dispersée (distribution de quantités unitaires faibles ou moyennes). Le commerce de gros peut jouer là un rôle particulier et irremplaçable auprès de PME qui ont des difficultés de par leur taille à dépasser un certain horizon géographique. Plus généralement, la dynamisation de la politique de vente, l'augmentation de la rapidité des livraisons ou la disponibilité immédiate des produits peuvent être considérées comme une amélioration du service. En définitive, la fonction de gros, caractérisée par un rôle défini dans la machine économique, peut être assumée de façon différente. Chacune des grandes fonctions de gros laisse la place à une évolution qualitative du service rendu. Au moment où, de plus en plus fréquemment, les transporteurs développent un service dit complet, c'est-à-dire intégrant tout ou partie des grandes fonctions de gros (en plus du transport, le stockage, le groupage/dégroupage...), les commerces de gros ont de plus en plus intérêt à faire ressortir leurs spécificités dans l'accomplissement de ces fonctions. Force est de constater que les grossistes ont fait là de gros progrès, même si des lacunes subsistent.

Mais c'est dans l'élargissement de la prestation, par la création de nouveaux services ou par la dynamisation de services peu développés jusqu'à présent, que la différence avec les autres institutions de gros peut se faire. Au-delà du seul acte de vente, l'amélioration de la prestation de services peut consister à soigner le service après vente, à accomplir la formation de la clientèle pour l'utilisation des matériels vendus et à les installer sur site dans le cas de biens industriels ; le grossiste doit aussi contribuer à la transmission de l'information, tant vers l'aval que vers l'amont, profitant de sa position intermédiaire pour livrer des données relatives tant au marché qu'à la connaissance de l'offre ; le service peut aller jusqu'à mettre en place certaines activités para-industrielles destinées à rendre les produits, si ce n'est consommables, conformes aux spécifications de la clientèle : constitution de lots commercialisables, emballage, étiquetage (fruits et légumes, viande, par exemple) ; le grossiste en partenariat avec les industriels peut également développer une politique commerciale : stratégie tarifaire en fonction des quantités commandées, rôle dans la conception et la communication d'un produit, participation à la planification commerciale et promotionnelle ; auprès de la clientèle, le grossiste doit savoir prodiguer des conseils d'achats mais aussi pouvoir assurer des fonctions financières et, en l'occurrence, le crédit : celui-ci n'est pas forcément souhaité ou développé volontairement par les entreprises de gros, pourtant le grossiste peut difficilement en faire l'économie sous peine de voir sa clientèle, notamment parmi les petits détaillants, ne pouvoir assumer plus longtemps une activité.

Dans le cadre de cette réflexion, on se doit de reparler du *cash and carry*. Il peut paraître surprenant d'évoquer ici, dans le cadre d'un plaidoyer en faveur de l'amélioration de la prestation des services, les « libres-services de gros », car ils apparaissent comme une vision restreinte du rôle du commerce de gros : les clients viennent directement s'approvisionner, emportent leurs achats et paient comptant ; les modalités de fonctionnement de ces structures sous-tendent donc une diminution des services classiques, puisqu'il n'y a plus ni tâches de prospection de la clientèle ni livraison ni crédit à la clientèle. Pourtant, vision particulière du rôle des grossistes, ils offrent une palette de services précieux pour leur petite clientèle : le prix, d'abord[1], mais aussi le choix, les horaires, et, condition appréciable pour de petits détaillants ou des restaurateurs, aucun minimum de commande n'est exigé. De fait, les *cash and carry* apparaissent comme des garants de la pérennité de toute une frange de petites entreprises indépendantes.

Ces services sont encore très inégalement disséminés au sein du commerce de gros. Certains, comme le service après vente, la formation de la clientèle à l'utilisation des produits vendus, l'installation sur site et le développement d'activités para-industrielles, se rencontrent fréquemment dans les entreprises agissant dans les secteurs où cette orientation est justifiée par la nature des produits (technicité (machines-outils, appareils informatiques, matériels anomaux...) ou dans le cas des activités para-industrielles, l'impossibilité de commercialisation en l'état (fruits et légumes, viandes...)). Les services de conseils à la clientèle semblent prendre de l'ampleur au cours de ces dernières années, principalement au travers du développement des chaînes volontaires. De plus en plus d'entreprises fournissent à leur clientèle des indications sur la tenue des assortiments ou la gestion des stocks. Par contre, des services comme la transmission de l'information – mis à part quelques cas, principalement vers l'aval, et dans le cas des produits affectés par les mouvements de mode : vêtements... –, les stratégies tarifaires, la conception et la communication d'une marque de produit, sont très peu répandus. Les grossistes interviennent plus facilement dans la mise en route d'une politique promotionnelle. Il convient cependant de préciser que ce sont souvent des entreprises filiales ou concessionnaires de grands groupes industriels. Les fonctions financières, enfin, sont très fréquentes. On peut même dire qu'elles constituent l'un des pendants traditionnels de la fonction des grossistes.

1. Ainsi, un comparatif entre les prix pratiqués au sein d'une grande chaîne de libre-service de gros et les grossistes classiques a montré un différentiel de prix de 10 % en faveur de la première ; *LSA*, n° 1392, avril 1994.

Il reste cependant encore du chemin à parcourir, principalement en raison des coûts supplémentaires que supposent ces services. Il est possible de dépasser cette simple notion de coûts. Après tout, le grossiste rendant des services en sus, n'est-il pas normal qu'il reçoive une rémunération supérieure ? Outre la difficulté à calculer le coût de l'immatériel, il faut convenir que le commerce de gros se heurte là à l'hostilité de ses partenaires industriels, la marge étant supposée acquise à l'achat. Les industriels rechignent également à déléguer aux grossistes certaines fonctions, en particulier commerciales, de peur de se retrouver coupés du marché. De plus, en raison des mouvements de concentration dans le secteur industriel et de l'existence induite de grands groupes, on voit mal, dans certains cas, comment le grossiste pourrait apporter sa contribution. Par exemple, pour la publicité de leurs marques, les gros industriels disposent de médias beaucoup plus efficaces pour les biens de consommation (télévision). Cela renvoie encore une fois au problème des structures du commerce de gros. Tant au travers de la capacité des entreprises à développer des services complémentaires sans perte de compétitivité majeure et en assumer le coût et les investissements financiers induits, que dans leur capacité à peser sur les fournisseurs ou les clients pour leur faire accepter une marge plus importante ou, tout au moins, pour initier une politique de coopération, il semble qu'un seuil minimum de chiffre d'affaires soit nécessaire, au moins pour certains services.

3. **Le renforcement des compétences humaines.** — Toutes ces évolutions n'auraient pas été possibles sans un renforcement des compétences des équipes dirigeantes et plus largement du personnel employé, de même que les transformations de l'activité grossiste et l'irruption de nouveaux outils ont été inductrices des mutations socioprofessionnelles. Bien que pas si lointain que cela, le temps n'est plus, où le grossiste, épicier un

peu plus évolué, parlant haut et fort, n'avait comme outil de travail que le petit calepin, comme stratégie de développement l'intuition plus que la réflexion informée et comme modalité contractuelle la poignée de main[1]. Non que ce type ait complètement disparu, singulièrement dans l'alimentaire, mais il n'est plus aujourd'hui le modèle dominant, quoi qu'en disent certains des détracteurs du secteur. Au gré du renouvellement des générations et de l'important *turn over* affectant les entreprises, de nouveaux responsables ont pris les commandes. Ainsi, parmi les chefs d'entreprises de 10 salariés et plus, près de 40 % ont un niveau de diplôme équivalent au baccalauréat ou supérieur. À titre de référence, ils ne sont que 20,8 % à atteindre ce niveau, tous secteurs de l'économie confondus[2].

L'ensemble de la population occupée du commerce de gros témoigne aussi de sensibles évolutions dans la composition socioprofessionnelle du secteur. Le commerce de gros fait partie de ce que l'on dénomme le « tertiaire ouvrier » (avec des secteurs comme les transports ou les réparations diverses). Cette situation est le fruit de la réalité de l'activité d'une partie des grossistes, par exemple dans les échanges de biens industriels, où le service après vente, l'installation sur site, etc., nécessitent ce type de compétence. Mais, à l'opposé de ce constat, le commerce de gros apparaît aussi comme un secteur où la proportion des cadres et des professions intermédiaires est parmi la plus importante. Cette proportion est le résultat d'une progression régulière, et en définitive relativement rapide, du nombre des cadres et des professions intermédiaires. Des différences sectorielles existent ; la qualification est moins élevée dans l'agro-alimentaire, alors qu'à l'opposé les contraintes imposées

1. É. Zola donne quelques bonnes descriptions de ce qu'a pu être le métier de grossiste en fruits et légumes à la fin du siècle dernier (*Le Ventre de Paris*, Presses Pocket, 1991) ; le tableau reste valable au moins de façon dominante, jusqu'à la fin de la première moitié du XXe siècle, et pour d'autres secteurs du commerce de gros.

2. INSEE, Enquête emploi de mars 1993.

dans le secteur des équipements industriels impliquent l'embauche d'un personnel plus diplômé. Bien que sensibles, ces différences ne doivent pas masquer que la mutation qualitative de l'emploi touche tous les secteurs du commerce de gros et démontrent la réalité des mutations entamées par les entreprises de gros.

Tableau III. — **La population occupée dans le commerce de gros français par catégories socioprofessionnelles (en %)**

	Ouvriers	*Employés*	*Cadres, professions intermédiaires, chef d'entreprise*
1982	35,4	24,7	39,9
1990	31,2	22	46,8
1998	27,3	22,5	50,2
1998(*)	13,3	44,2	42,5

(*) A titre de référence, le commerce de détail.

Source : INSEE, RP 1982 et 1990 ; Enquête emploi de mars 1998.

Dans un commerce de gros qui s'est modernisé, dont les entreprises s'efforcent d'enrichir les services accompagnant la simple prestation physique, le capital humain prend une importance considérable. Il est peut-être d'ailleurs la seule vraie richesse du commerce de gros, sa valeur ajoutée essentielle et irremplaçable au travers des actions de conseil, de formation, de maintenance, d'information qui doivent être celles des commerces de gros, surtout en direction des petites entreprises indépendantes. On assiste, de fait, à un double phénomène complémentaire : d'abord, des embauches de personnels dans des postes plus offensifs aboutissant à un renforcement de la force de vente. Deuxième phénomène, celui de la technicisation des emplois qui affecte toutes les facettes de l'activité grossiste, des tâches commerciales aux impératifs administratifs en passant par la conduite logistique des opérations. Partout, à tous les niveaux, le personnel apparaît mieux formé (ce qui ne signifie pas que la formation sur le tas, très fréquente dans les emplois de manutention et de livraison, ait totalement disparu, loin de là), cette technicisation se doublant d'une spécialisation des tâches. Le commerce de gros offre ainsi une palette de métiers assez longue et de tous niveaux[1].

A l'image des autres investissements, la volonté d'améliorer les compétences du personnel occupé se heurte aux capacités financières des entreprises. Les cadres, qu'il s'agisse de technico-commerciaux, d'ingénieurs techniques ou commerciaux, conduisent à un gonflement de la masse salariale. Il est à craindre qu'un clivage s'établisse entre les entreprises ayant des possibilités de recrutement et celles qui n'en disposent pas, c'est-à-dire, grossièrement, entre les petites entreprises et les grandes. Là encore est posé le problème d'une taille minimum à l'exercice de la fonction de gros.

4. **La restructuration économique et financière des entreprises.** — Le renforcement des structures de gros apparaît à maints égards nécessaire. Élément de réponse à la quête de productivité, porteuse d'économies d'échelles, jouant sur la répartition du pouvoir au sein des circuits de distribution, la concentration économique et financière est, dans un cadre très concurrentiel, un levier essentiel de maintien du commerce de gros parmi les acteurs en charge des échanges. Celui-ci demeure pourtant encore un secteur largement atomisé.

Durant ces vingt dernières années, nombreuses ont été les entreprises strictement grossistes de petites tailles à disparaître. Mais ces défaillances ont été en partie

1. Le CREDOC donne un échantillonnage impressionnant des compétences requises et rencontrées dans le commerce de gros (étude réalisée conjointement avec le ministère du Travail et des Affaires sociales, *Le commerce de gros*, La Documentation française, Prospective formation emploi, 1997.

compensées par des créations d'entreprises d'une taille sensiblement identique. Certains produits sur des marchés en expansion – matériel électrique et électronique, vêtements, biens de consommation divers... – ne nécessitant pas une mise de fonds initiale trop importante ont attiré foule d'entrepreneurs. D'une durée de vie assez modeste, ces entreprises participent à un perpétuel renouvellement d'une fraction de la frange la plus atomisée de l'appareil commercial de gros. À ce mouvement dynamique se surimpose une relative permanence de certaines petites entreprises familiales, opérant au niveau local ou, à l'extrême, régional. Caractérisées par la faiblesse de leurs structures et de leurs moyens financiers, dirigées par des responsables souvent âgés, ces entreprises ont pourtant survécu au choc de ces vingt dernières années, notamment dans des secteurs comme les fruits et légumes, la quincaillerie, la droguerie, l'habillement, la papeterie, le matériel agricole... À court/moyen terme, on peut s'interroger sur leurs chances de pérennité en raison de leurs difficultés à s'imposer face à des interlocuteurs raisonnant de plus en plus fréquemment à une échelle nationale ou internationale, sans parler des problèmes de succession...

Tableau IV. — **Répartition des entreprises du commerce de gros selon leur taille, en France**

	% en nombre d'entreprises	*Nombre moyen de salariés*	*% emploi total*
0 salarié	23,2	0	2,7
1-9 salariés	58,8	4	23,8
10-99 salariés	16,9	25	42,8
100-499 salariés	1	190	19,7
500-4 999 salariés	0,1	935	11
5 000 salariés et plus	0	0	0
Ensemble	100	9	100

Source : INSEE, Enquête annuelle d'entreprises, 1995.

L'image structurelle de l'appareil commercial de gros n'a en définitive pas fondamentalement évolué. On constate bien une certaine décrue de la proportion des plus petites entreprises, mais d'une si faible amplitude qu'elle n'est guère révélatrice. Le commerce de gros reste, au-delà de quelques différences sectorielles, d'abord un monde de très petites entreprises. Conséquemment, les formes juridiques les plus fréquentes des entreprises de gros sont la SARL et l'entreprise individuelle qui représentent respectivement 65 % et 14 % du total des entreprises[1].

Cela signifie-t-il que le commerce de gros n'a pas connu de processus de concentration économique et financière ? Qu'il n'y ait pas de bouleversement majeur dans la répartition structurelle des entreprises de gros n'est pas antinomique avec la concentration économique. Dans les faits, une indéniable concentration de l'activité du commerce de gros dans quelques grosses entreprises est sensible. Ainsi, en 1995, les 1 % des plus grosses entreprises du commerce de gros rassemblent 29 % du personnel occupé du secteur[2] et totalisent un peu moins de 40 % du chiffre d'affaires. Le commerce de gros de produits agricoles bruts apparaît comme étant le plus concentré, puisque les 1 % des plus grosses entreprises concentrent 36 % du personnel occupé, cette proportion tombant à 25 % pour le commerce de gros de produits alimentaires, les autres secteurs présentant un faciès médian. La place occupée par ces quelques centaines d'entreprises s'accroît régulièrement, surtout depuis le début des années quatre-vingt. La situation du secteur agro-alimentaire est à cet égard très révélatrice : la redistribution d'un volume d'affaires croissant, malgré la baisse du nombre des entreprises, a particulièrement bénéficié aux plus grosses. Ces très grosses entreprises de gros ne paraissent cependant pas

1. Fichier SIRENE, 12/97.
2. À titre de comparaison, cette proportion est de 41 % dans le commerce de détail.

tellement importantes en regard des entreprises remarquables des autres secteurs. C'est par exemple le cas dans le commerce de détail, où les leaders affichent des chiffres d'affaires et emploient un nombre de salariés, notablement plus élevés, mais aussi le cas de plusieurs branches industrielles (automobile et, plus largement, biens d'équipement et intermédiaires).

En outre, quand on regarde de plus près ce millier d'entreprises qui dépassent les 100 salariés, c'est-à-dire beaucoup de grosses PME et quelques vraiment grosses entreprises, l'irruption des autres secteurs économiques est flagrante, voire dominante et exclusive dans certains secteurs de gros, sous la forme principalement de filiales, émanation des grandes multinationales. C'est particulièrement le cas dans les secteurs des appareils ménagers (Sony France, Thomson multimédia, Nokia, Panasonic), le matériel électrique et électronique (Thomson, Siemens, Tekelec, CGE distribution, Daewoo automobile), les machines de bureau et le matériel informatique (Compaq, Xerox, Canon), les produits chimiques (Du Pont de Nemours, BASF, Société commerciale des Potasses et de l'Azote (SCPA), Safic-Alcan), l'équipement automobile (Bosch, Valeo, Yamaha, Continental)[1]. Derrière les plus grosses entreprises participant à la distribution des produits pétroliers, on trouve les grandes compagnies pétrolières, Total, BP... Pour ne retenir que les filiales de commercialisation étrangères, l'INSEE estimait pour la fin 1996 que celles-ci représentaient à elles seules 15,2 % du chiffre d'affaires du commerce de gros[2]. Mais, aussi importantes qu'elles soient, ces filiales directes et leurs établissements ne constituent que la partie « émergée de l'iceberg », car, en aval de ces entreprises représentant de grands fabricants, se trouvent fréquemment des réseaux de concessionnaires, voire de franchise,

1. Ne sont données là que les entreprises ayant des attaches avec les autres secteurs de l'économie, et notamment l'industrie, parmi les cinq plus grosses du secteur (source : Kompass).

2. INSEE, synthèse n° 23, *op. cit.*, p. 183.

regroupant des grossistes d'envergure locale ou régionale, ou même des filiales dont l'indépendance ne doit pas masquer l'intégration de fait dans des logiques réticulaires trans-sectorielles plus vastes. Ce sont là plusieurs milliers d'entreprises, qui sont concernées. La permanence de PME de gros doit donc être envisagée avec prudence : combien sont encore indépendantes ? Les plus dynamiques, souvent des sociétés régionales, ne vont-elles pas susciter l'appétit de groupes, qui, dans les faits, sont rarement l'émanation d'entreprises de gros ?

Dans le secteur agro-alimentaire, nombre des plus grosses structures du secteur sont en fait issues du mouvement coopératif agricole. Ces structures se comportent un peu comme des « supergrossistes », chargés de l'approvisionnement de plus petites entreprises de gros, affiliées, contractantes ou même indépendantes, mais d'une envergure rarement extrarégionale. Toujours dans le cadre du secteur agro-alimentaire, pour la portion qui se rapproche le plus du marché de consommation, l'irruption des acteurs situés en aval est de plus en plus nette (ex. de Prodim, l'une des plus importante entreprise du secteur, filiale du groupe Promodès). Même dans des configurations présentées comme salvatrices pour le commerce de gros, la prégnance d'acteurs non grossistes est flagrante ; ainsi en va-t-il des *cash and carry* dont le développement très rapide ne doit pas masquer que plus de 90 % du chiffre d'affaires est réalisé dans le cadre de magasins dépendant du réseau de distribution d'un des trois opérateurs suivants, Métro France, Promocash (Promodès) et Procomarché (Intermarché), ces deux derniers pouvant être perçus comme des « *cash* intégrés ». Un cas particulier mérite d'être mis en évidence, celui des produits pharmaceutiques où la plus grosse entreprise, OCP répartition, semble être une entreprise de gros indépendante (bien que rachetée par un répartiteur allemand), mais talonnée de près par une coopérative de pharmaciens (CERP) et un industriel (Rhône Poulenc).

La situation oligopolistique très marquée dans ce dernier secteur constitue un cas à part dans le commerce de gros. Dans la plupart des branches, y compris dans celles qui figurent parmi les plus concentrées, la situation demeure encore largement concurrentielle. Le secteur de gros reste encore un secteur relativement moins concentré que beaucoup de branches industrielles et tertiaires. Cela laisse présager en tous les cas une continuation, voire une accélération des processus de renforcement des entreprises et de plus en plus par croissance externe. D'ailleurs, les prémices s'en font sentir. Mais, dans ce mouvement apparemment positif, on peut douter que les grossistes traditionnels occupent une place dominante. Même si l'intervention des acteurs exogènes dans la distribution en gros est classique, sa prise d'importance montre qu'il y a incontestablement un risque de marginalisation des opérateurs indépendants.

L'une des parades peut consister au regroupement des PME de gros. Tout en conservant leur indépendance, les acteurs composant ces ensembles sont susceptibles de bénéficier d'économies d'échelle, par exemple en matière d'organisation de la logistique. Les achats se faisant dans des quantités plus importantes, les groupements grossistes sont mieux à même de pouvoir peser sur leurs fournisseurs. L'originalité de ce mode de restructuration réside aussi dans le fait qu'il permet à des PME d'accéder à des avantages qu'elles n'auraient certainement pas pu acquérir isolées : mise en commun et gestion, par une structure créée à cet effet, d'un certain nombre de services ; notoriété induite par la promotion du groupement ; programmes de formation du personnel ; conseils en matière de modernisation des activités, de gestion, de pratiques commerciales ; information sur les nouveaux produits ; services d'ordre technique ou juridique... Dans un contexte concurrentiel de plus en plus exacerbé, tout cela concourt à expliquer l'assez sensible développement des groupements dans le commerce de gros. Ceux-ci peuvent se faire selon des modalités plus ou moins lourdes, allant de la mise en place d'un réseau d'entrepôts à la constitution d'une simple centrale chargé du référencement, c'est-à-dire de la négociation des conditions d'achat avec les fournisseurs. Cela aboutit généralement à la constitution d'une enseigne, servant à l'identification des adhérents à un niveau le plus souvent suprarégional ou national. De plus en plus de petites mais surtout de moyennes entreprises de gros (10 à 100 salariés)[1] s'insèrent dans des groupements, sous leurs diverses formes, élément supplémentaire prouvant qu'il ne faut pas s'arrêter au simple constat de la permanence de l'atomisation de l'appareil commercial de gros. Ces regroupements sont particulièrement présents dans les secteurs suivants : les produits d'épicerie, boissons et marchandises diverses où les entreprises font en majorité partie de groupements, le bricolage, l'équipement de la maison et la droguerie, la distribution des accessoires automobiles. Ils ont souvent eu pour objectif direct la création d'une chaîne volontaire ou ont dérivé vers la constitution d'une chaîne, notamment dans le secteur des produits alimentaires de grande consommation comme dans celui de la droguerie et de la quincaillerie. En raison des avantages intrinsèques à cette formule, il est probable que les regroupements d'entreprises vont se multiplier ; il en va de la survie, en tant qu'institution indépendante, de nombre de PME de gros. Mais certains groupements peuvent conduire à la fusion pure et simple du fait de l'accentuation des interdépendances financières entre les membres[2]. Jusqu'à présent,

1. Leur proportion reste difficile à chiffrer.

2. Un exemple illustre ce processus, celui de Groupelec Distribution. Face à l'émergence, dans les années soixante - soixante-dix, d'intervenants extérieurs à la profession de distributeur en matériel électrique, dotés d'un potentiel financier très important, mais aussi du fait d'un fort mouvement de concentration parmi les entreprises du secteur, trois voies s'offrent aux PME : rester isolées, avec tous les risques que cela comporte, vendre et s'intégrer dans un groupe ou, enfin, s'unir avec d'autres PME. Fin 1970, six dirigeants de PME familiales, ayant pour vocation la distribution de matériel électrique sur une portion géographique déterminée, décident de choisir cette troisième voie. Au début, le capital est surtout « humain » ; en d'autres termes, une réelle

l'intégration financière des entreprises membres d'un même groupement et aboutissant à la formation d'un groupe est restée rare. Mais est-elle souhaitable ? N'est-ce pas ouvrir la Boîte de Pandore et permettre l'ingérence d'investisseurs extérieurs qui le plus souvent, pour des raisons de potentiel financier, ne seront pas des grossistes ?

De ce point de vue, les regroupements géographiques d'entreprises de gros, nés de contraintes urbanistiques de moins en moins évitables, tout en offrant des avantages certains, sont porteurs de moins de dangers. Plus que comme de simples zones géographiques, MIN (Marché d'intérêt national) et centres de gros ont été conçus comme des structures permettant de réaliser des économies d'échelle et de rationaliser un certain nombre de coûts de fonctionnement. Leur création répond à un souci d'augmentation de la rentabilité par la diminution des frais généraux. Ils permettent à des entreprises, non seulement d'avoir pu se délocaliser, mais aussi d'accéder à des services dont elles n'auraient peut-être pas pu bénéficier si elles étaient restées isolées, et en tous les cas pas au même prix (par ex., sécurité, restauration collective, embranchement ferroviaire...). Au-delà d'une logique commune, les centres de gros et les MIN ont des caractéristiques spécifiques qu'il convient d'observer plus précisément et successivement.

Les MIN sont, pour l'essentiel, des marchés de fruits et légumes qui représentent en moyenne près de 90 % des tonnages traités, avec une exception de taille, celle de

volonté de coopération s'est instaurée. Très vite, à partir de 1977, le groupement prend des participations dans les entreprises rassemblées. De 10 % à l'origine, cette participation monte à 35 %. Les départs en retraite des dirigeants aidant, nombre de participations sont devenues majoritaires. Sur les 25 entreprises constituant Groupelec, en 1989, le groupe détient la majorité des parts dans 20 d'entre elles. Cette intégration s'est réalisée sans heurts, car progressive et concernant des entreprises qui avaient déjà beaucoup mis en commun. Chemin faisant, Groupelec s'est affirmé comme l'un des principaux groupes de la distribution électrique. Mais ce qui a fait sa force fait aussi sa faiblesse ; devenu un groupe florissant, Groupelec s'est exposé aux appétits de plus gros que lui. Groupelec Distribution est aujourd'hui la filiale de Rexel (ex : CDME), filiale du groupe Pinault-Printemps-Redoute.

Rungis en région parisienne où la gamme de produits présents s'étend pratiquement à tous les produits alimentaires. Depuis le décret du 30 septembre 1953, instituant leur existence, une vingtaine de MIN se sont créés, principalement durant les années soixante. Ils se répartissent en deux grands types, les marchés de production et les marchés de consommation. Les premiers s'occupent de la « première mise sur le marché », c'est-à-dire du groupage des productions locales et régionales, et de toute une série d'opérations visant à rendre les produits commercialisables : triage, nettoyage, allotissement, conditionnement pour le transport et la vente. Les autres marchés, dits de consommation, se situent à proximité des zones les plus urbanisées. Ils s'occupent de la « deuxième mise en marché », réceptionnant les marchandises, et se chargeant de l'approvisionnement des détaillants. La majorité des tonnages de la deuxième mise sur le marché, mais surtout de la première, leur échappe. Mis à part le cas de Rungis[1], l'ensemble de ces marchés n'ont de national que le nom. Dans la plupart des cas, leur vocation est au plus régionale, parfois simplement départementale, voire communale. Ils subissent de plein fouet la concurrence des centrales d'achats et voient les *cash and carry* accaparer une part importante de leur clientèle traditionnelle : petits détaillants et restaurateurs. N'ayant jamais réussi à jouer un rôle organisationnel dominant dans le circuit de distribution des fruits et légumes, les MIN n'ont guère, non plus, favorisé le développement d'entreprises de gros répondant aux « exigences modernes ». Ils sont des lieux de survivance d'entreprises obsolètes. Les structures internes des marchés ne se prêtent pas toujours aux mouvements de rapprochements : deux entreprises voulant s'unir ou une entreprise voulant en reprendre une autre

1. Rungis est un marché totalement hors norme par sa taille, sa notoriété et l'importance de son rôle dans la distribution des produits frais dont il est le plus important marché en Europe ; il représente pour l'approvisionnement de la seule région parisienne, 50 % des produits de la mer, 45 % des fruits et légumes, 35 % des produits carnés (source : plaquette SEMMARIS (organisme de gestion du MIN de Rungis), 1997).

en difficulté peuvent se heurter à un découpage de l'espace en « case » dont le processus d'affectation et de transmission gène la redistribution, empêchant la matérialisation du regroupement. En outre, les MIN sont gérés et appartiennent aux collectivités territoriales, les communes principalement, mais aussi les Conseils généraux et régionaux et éventuellement les Chambres de commerce et d'industrie. Les entreprises ne sont que locataires. Il s'ensuit une mentalité particulière et une relative démobilisation des entrepreneurs. Les entreprises ne se sentant pas chez elles, la réticence à l'investissement est donc importante. De fait, beaucoup appellent à la privatisation des MIN de façon à les dynamiser, d'autant que les périmètres de protection[1] dont ils bénéficient pour certains, souvent remis en cause *de facto*, notamment par l'irruption des *cash and carry,* risquent de l'être *de jure*.

Les centres de gros évitent ce travers. Les premiers voient le jour au début des années soixante. Les grossistes français suivent en cela l'exemple de pays étrangers où des exemples remarquables par leur gigantisme existent (Rotterdam et New York). En France, c'est véritablement sous les IVe et V[e] plans (1966 à 1975) que la formule prend son essor et se dissémine sur l'ensemble du territoire français. Conséquence du coup d'arrêt de la croissance économique renforçant l'individualisme, l'élan des créations est stoppé au milieu des années soixante-dix, sans que cela puisse être interprété comme un échec de la formule. Dans l'immense majorité des cas, ils se caractérisent par une taille relativement modeste, puisque groupant quelques dizaines d'entreprises, qualifiables de « grosses PME », dont le rayon d'action est souvent régional et recoupe la zone d'attraction commerciale traditionnelle de la ville où le

1. Les périmètres de protection sont des espaces (au minimum l'agglomération urbaine d'implantation du MIN) au sein desquels il est interdit de vendre (hors le commerce de détail) certains produits, principalement des produits frais... à moins qu'une dérogation ne soit accordée.

centre est implanté. Les activités les plus représentées relèvent le plus souvent des secteurs non alimentaire et d'équipement professionnel : matériel électrique, quincaillerie, papeterie, matériaux de construction... Ces structures ont démontré au cours de ces dernières années de sérieuses vertus. L'une des principales est d'avoir réussi à concilier l'indépendance totale des entreprises tout en leur offrant la possibilité de réaliser des économies d'échelle. Certes, ces regroupements ne constituent pas la panacée, par exemple en raison de la faiblesse de l'implication manifestée par certaines entreprises. Ces centres ne sont pas des cocons protecteurs et ne dispensent pas les entreprises membres d'entamer des mutations plus profondes. Ils apparaissent cependant comme un précieux outil de leur insertion dans la logistique moderne, grâce à un positionnement intermodal ou à leur capacité à en générer un. Les centres de gros, tout comme des MIN rénovés, peuvent jouer un rôle dans le maintien de PME de gros indépendantes et – pourquoi pas ? –, devenir des pépinières propices à l'érection d'entreprises dynamiques.

II. — La dénaturation du commerce de gros

L'évolution du commerce de gros et les mutations qui l'ont concerné au cours de ces dernières décennies, somme toute positives car nécessaires et salvatrices, s'accompagnent d'une propension du commerce de gros à s'éloigner de sa configuration fonctionnelle initiale, celle d'une entreprise indépendante, chargée de façon prioritaire de l'exercice de la fonction de gros. Cette dénaturation est le résultat de deux mouvements convergents : l'intervention d'acteurs extérieurs assurant pour leur propre compte la fonction de gros et dont certaines manifestations organisationnelles contribuent à gonfler l'appareil commercial de gros ; l'évolution des entreprises de gros elles-mêmes qui sortent de plus en plus fréquemment de leur carcan, la fonction de gros.

Le premier mouvement, celui de la dénaturation de l'appareil commercial de gros par des acteurs émanant d'autres secteurs économiques, est apparu dans toute sa vigueur dans les pages précédentes, à tel point que l'on peut se demander si ces restructurations sont le résultat de la réaction des grossistes traditionnels ou si elles ne sont pas plutôt l'expression de leur déclin et de l'évolution d'une fraction majeure de l'appareil commercial de gros vers une configuration de dépendance juridique et financière vis-à-vis de l'amont ou même de l'aval. Si le nombre d'entreprises de gros n'a pas baissé, c'est en partie grâce à ce renouvellement des acteurs qui altère la lisibilité du commerce de gros.

A ce processus de dénaturation par irruption d'intervenants extérieurs se superpose le processus de dénaturation des entreprises de gros traditionnelles par évolution interne. Des incursions dans des métiers classiquement situés en amont ou en aval, modifient le positionnement des grossistes dans les circuits de distribution. Leur rapprochement avec les autres opérateurs du circuit économique, la modification des relations partenariales et/ou l'intégration d'opérations autres que celles inhérentes à la fonction de gros les insèrent dès lors, au moins pour une portion de leur activité de distribution, au sein de canaux intégrés ou contractuels, mais dont ils sont cette fois-ci les initiateurs. Pour quelques entreprises, le développement des activités connexes est tel que l'on peut raisonnablement s'interroger sur leur statut de grossiste...

1. **Le classique développement des activités hors de la seule fonction de gros.** — À la décharge du commerce de gros actuel, il faut prendre acte que dans certaines branches cette tendance s'inscrit dans une relative permanence historique. Dès l'origine, certains grossistes débordent sur les activités voisines de la leur. La démarche qui préside à cette tendance précoce n'est pas clairement offensive mais est plutôt la conséquence logique d'une complé-

mentarité naturelle entre diverses opérations. En tous les cas, la propension primitive de certaines entreprises à exercer des fonctions autres que celles qui leur sont en principe dévolues ne remet pas en cause le métier de base. Mieux, elles sont destinées à l'affermir, à le faciliter. Dans le secteur des bestiaux, nombreuses sont les entreprises qui, pour s'assurer un approvisionnement régulier, procèdent elles-mêmes à l'élevage ou à l'engraissage du bétail. Plus bas dans la filière, les entreprises commercialisant de la viande ont très vite manifesté une tendance à faire de l'abattage et de la transformation des produits, empiétant en cela sur le rôle du détaillant (découpe de la viande, conditionnement...). L'Union des industries et de la distribution des plastiques et du caoutchouc note que les entreprises de distribution adhérentes, quelle que soit leur taille, « ont généralement une activité industrielle annexe, quelquefois fort importante, qui atteint couramment 15 à 20 % du chiffre d'affaires... Les ateliers réalisent des travaux de mise au point, découpage, montage, parfois moulage ; des équipes volantes effectuent les installations sur travaux de remise en état chez l'utilisateur. En outre, nombreux sont les négociants possesseurs de moules réalisés selon leurs propres spécifications, qui font fabriquer à façon et sous leur propre marque, des articles techniques ou de consommation »[1]. Les entreprises commercialisant du bois développent assez souvent une activité de découpe. Dans le secteur du matériel électrique cela va être une fabrication d'armoires électriques, une activité d'embouteillage chez un grossiste en vin... Dans d'autres secteurs, les accessoires automobiles ou les produits chimiques, il n'est pas rare que les entreprises aient une activité de production.

Les grossistes pratiquent aussi, de longue date, une activité de détail. Dans la quincaillerie, beaucoup d'entreprises de gros ont ainsi ouvert un rayon de sani-

1. Ministère du Commerce, de l'Artisanat et des Services, Direction du commerce intérieur, *Le commerce de gros, monographies de 34 secteurs*, 1988, p. 250.

taire, chauffage, bricolage et d'ustensiles les plus divers, accessible au grand public. Les entreprises commercialisant des fruits et légumes, des produits d'épicerie, de droguerie... cumulent fréquemment une activité de vente directe aux particuliers. Avec des nuances, dans l'ensemble des sous-secteurs relevant de la distribution des articles de grande consommation, on constate ce trait, plus ou moins sensible suivant les entreprises, et l'INSEE estime que cette activité de détail peut se monter aux alentours de 4 % des ventes. La prestation de services, à bien des égards, peut également être considérée comme une activité connexe, lorsqu'elle évolue vers des opérations techniques à forte valeur ajoutée : l'installation, la maintenance et le conseil. C'est notamment le cas dans les commerces de gros, d'équipement professionnel et singulièrement pour le matériel électrique et électronique et l'informatique. À quelques exceptions près, et qui de toute façon restent dans des proportions relativement minimes, les grossistes n'exercent que très peu la fonction d'intermédiaires du commerce. On peut tout de même exciper le cas des commerces de bestiaux, des commerces de textiles et textiles bruts.

Ces activités secondaires ne démentent pas le positionnement grossiste traditionnel. Elles démontrent tout au plus que, dans certains cas, pour des raisons essentiellement pratiques, des entreprises ont été naturellement conduites à exercer des activités connexes à la fonction de gros. Le développement récent des processus d'intégrations verticales et/ou d'accords contractuels avec des entreprises appartenant à d'autres secteurs, procède d'une logique tout à fait différente, même si le résultat est apparemment identique. C'est ce mouvement plus récent qui doit retenir l'attention. Lui seul procède des mutations du commerce de gros et traduit une évolution du secteur.

2. **Le processus récent d'extension des activités des grossistes.** — Le développement des activités connexes à

la fonction de gros peut prendre une telle ampleur qu'il inscrit de fait les grossistes concernés dans des canaux de type contractuel ou intégré, voire les exclut d'office de l'appareil commercial de gros. Cette évolution des activités hors du métier d'origine se fait le plus souvent selon une logique de filière. L'intégration du stade de la production peut se révéler déterminante pour garantir les approvisionnements, alors que l'extension vers l'aval permet de bénéficier d'une plus grande stabilité et sécurité en termes de débouchés. La croissance verticale est-elle réservée aux grosses entreprises, en parallèle avec leur concentration horizontale ? Peu de données peuvent nous permettre de le confirmer ou de l'infirmer. Si les intégrations amont sont le plus souvent le fait d'entreprises d'une certaine taille, au moins pour les activités industrielles « évoluées » (fabrication de biens en assez grande série ou incorporant une technologie assez importante), l'orientation des activités vers l'aval semble moins élitiste. Dans certaines petites entreprises elle permet parfois de relayer une activité grossiste moribonde reléguée à une place secondaire, voire, au fil du temps, inexistante. La traduction économique et spatiale du processus est plus ou moins sensible selon les cas. Pour les petites entreprises, l'activité de détail se fait en un même lieu ou, tout au plus, y a-t-il création d'un ou de quelques magasins chargés de l'irrigation d'une zone géographiquement restreinte (une ville ou un département). Ce sont des *cash and carry* qui ouvrent de plus en plus souvent leurs rayons à une clientèle de particuliers, sans que cela modifie de façon drastique leurs structures ou leur façon de travailler. Parfois, l'activité de détail développée par un grossiste se résume à l'ouverture et à la gestion d'un rayon chez un détaillant, mais le cas demeure peu fréquent (bricolage et droguerie surtout). À l'inverse, quelques grosses entreprises à vocation régionale deviennent de véritables sociétés à succursales en ouvrant plusieurs magasins et des supermarchés. Bien que présente, la tentation de basculer vers le commerce de détail est cependant nettement minoritaire si l'on en croit les chefs d'entreprise[1], montrant en cela qu'il s'agit là souvent d'un choix de raison ; en d'autres termes, l'aveu de l'impossibilité de persévérer dans le commerce de gros avec un chiffre d'affaires insuffisant.

En général, tant en ce qui concerne le développement des activités de production que de vente au détail, ce sont les secteurs où ces activités sont traditionnellement présentes depuis longtemps que l'on retrouve. Cependant, les secteurs où l'évolution a été la plus nette sont ceux où la concurrence est la plus vive : vers le détail, l'épicerie, la quincaillerie, les appareils ménagers, certains appareils électroniques, les appareils sanitaires ; vers des activités industrielles, les produits laitiers, le matériel et le mobilier de bureau (la bureautique exceptée), les produits chimiques. L'intégration totale d'une filière, c'est-à-dire de la production à la vente au particulier, est extrêmement rare. Le cas d'une branche mérite cependant d'être souligné, celui de la viande. Quelques cas d'entreprises développant des activités tant vers la production de bovins que vers la boucherie au détail ont en effet pu être relevés.

L'orientation des activités vers l'aval l'emporte largement sur l'intégration amont, sauf dans certaines branches des biens d'équipement. Le développement des chaînes volontaires en témoigne. Les chaînes volontaires rassemblent des grossistes et des détaillants. À l'image des groupements de détaillants, les entreprises conservent leur indépendance juridique et financière, ce qui inscrit dès lors ce mode organisationnel dans le cadre d'un canal contractuel. Tout comme les regroupements de détaillants, les chaînes se sont constituées pour résister à la concurrence du grand commerce intégré, en créant une dynamique commune en termes d'image de marque (politique promotionnelle, enseigne unique fréquente : Catena (bricolage...), Spar (alimentation), Groupauto, Autodis-

1. CREDOC, Ministère du Travail et des Affaires sociales, *op. cit.*

tribution (accessoires automobiles), pour les plus connues) et en mettant en place une centrale d'approvisionnement susceptible de bénéficier de conditions d'achats plus favorables. Les entreprises de détail y bénéficient d'un soutien financier, logistique (présence d'entrepôts régionaux et organisation des transports), mais aussi de divers services. La chaîne les assiste dans leur gestion, leur donne des conseils d'ordre financier, commercial, fiscal, juridique... Comme tout regroupement, il s'agit de permettre à de petites entreprises de pouvoir s'équiper, de surmonter les barrières à certains investissements. Cette association bénéficie en contrepartie aux grossistes qui se garantissent de la sorte une part de marché moins susceptible de disparition ou d'intégration par les autres secteurs économiques.

En France et en Europe, ce n'est que dans les années soixante que les chaînes volontaires se multiplient, alors que les premières sont nées aux États-Unis dès le début de ce siècle où, encore aujourd'hui, elles conservent un rôle de tout premier plan dans la distribution des biens de consommation. En Europe, la première chaîne volontaire à atteindre une taille importante fut Spar, créée en 1932 aux Pays-Bas. C'est l'une des rares chaînes à avoir étendu ses ramifications sur une bonne partie de l'Europe occidentale. En France, d'un développement plus récent, elles occupent néanmoins dans certains secteurs des positions significatives. Elles se situent principalement dans l'épicerie, la quincaillerie, la droguerie et les appareils électroménagers, la prédominance du premier secteur s'estompant quelque peu, en raison de l'évolution vers des configurations plus intégrées[1]. Leur

1. Peuvent être citées des chaînes comme Catena ou France Droguerie. La première, Catena (droguerie, bricolage...), peut même être considérée comme l'archétype de la chaîne volontaire en France. Créée en 1953 par Maurice Tabur après avoir compté une dizaine de grossistes approvisionnant un millier de détaillants, l'activité s'est recentrée autour de deux grossistes principaux (Tabur SA et QM Stokvis Labeix) approvisionnant environ 300 magasins d'une taille plus importante que les petits détaillants du début. Chaîne nationale relativement florissante, Catena s'internationalise en se développant, notamment en Belgique et en Italie.

part dépasse les 4 % du chiffre d'affaires du commerce de détail et est en constante progression pour ces dernières années.

Sous réserve que les relations entre grossistes « tête de chaîne » et détaillants adhérents deviennent moins déséquilibrées, l'avenir des chaînes volontaires ne paraît pas remis en cause. Elles offrent nombre d'avantages qui ne peuvent que favoriser leur extension. En fait, le risque qui les menace est surtout de perdre ce qui en fait la substance, à savoir une association de grossistes et de détaillants indépendants. Ainsi, quelques-unes deviennent de véritables sociétés à succursales, en créant leurs propres points de vente ou en intégrant des détaillants adhérents. Dans ce dernier cas, la logique d'orientation vers l'aval atteint une dimension supérieure. Si l'insertion du commerce de gros dans une chaîne volontaire, modifie son positionnement traditionnel dans la distribution, là, le développement des investissements directs dans l'activité de détail peut conduire, à terme, à une dénaturation totale de l'entreprise. L'histoire du groupe Promodès (Société pour la promotion et l'exercice des méthodes modernes de la distribution et de standardisation) est à ce propos édifiante, les grossistes initiaux, têtes de chaîne, s'effaçant dans le cadre d'un groupe de grande distribution intégré[1]. Comme d'autres exemples auraient pu le montrer, derrière l'éclatante réussite d'une entreprise, se cache la mort de grossistes traditionnels.

Le développement des entreprises de gros hors de leur secteur d'origine ne prend que rarement des formes aussi imposantes. Souvent, l'essor récent de cette tendance ne fait que confirmer une propension originelle au développement d'activités hors de la fonction de gros. Cela reste dans des proportions laissant la fonction de gros dominante. Dans ces cas-là, on ne peut pas proprement parler d'une dénaturation globale des entreprises, mais plutôt d'une portion de leurs activités. Certes, elles

1. F. Régnault, *Promodès, du pré carré normand au commerce sans frontières*, Hatier, « Éco-poche », 1995.

n'assument pas seulement la fonction de gros, mais cette dernière reste tout de même le ciment principal de l'entreprise. En fait, tout est question de proportion. Jusqu'à 10 ou 20 %, on peut parler d'activités connexes. Au-delà, et même dans les cas où l'activité grossiste reste dominante, ce terme reste-t-il approprié ? Durant ces dernières années, particulièrement pour les produits de grande consommation, des entreprises de gros ont été conduites à sortir largement de leur rôle traditionnel, parfois de façon déterminante. Dans certains cas, le développement des activités hors de la seule fonction de gros atteint une telle proportion que c'est même l'appartenance de l'entreprise à l'appareil commercial de gros qui doit être remise en cause. Ainsi, dans les commerces de gros de produits informatiques, l'activité de maintenance et de conseil prend tellement d'importance qu'il est parfois permis de se demander ce qui les différencie des SSII (Sociétés de service et d'ingénierie en informatique).

De cette tendance, H. Krier et J. Jallais déduisent que, « loin d'être une survivance d'un passé révolu, le commerce de gros indépendant est un élément essentiel et dynamique de l'appareil commercial »[1]. Il nous semble que, même si les commerces de gros sont les initiateurs de ces processus d'intégration, sans nier que cela dénote un dynamisme certain, ces évolutions portent la marque du déclin structurel de leur rôle traditionnel, au moins dans certaines branches. On peut certes parler de stratégie de verrouillage de l'amont et de l'aval[2]. Il n'en demeure pas moins que ce tropisme à dépasser le berceau de l'activité soulève des interrogations de fond. Cela ne démontre-t-il pas, particulièrement pour les biens de grande consommation, que la présence d'un stade de gros isolé, indépendant, n'ayant que des relations classiques d'échange avec ses partenaires, n'est plus

1. H. Krier, J. Jallais, *Le commerce intérieur*, PUF, « Que sais-je ? », 1985, p. 19.

2. CREDOC, Ministère du Travail et des Affaires sociales, *op. cit.*

d'actualité ? On peut pondérer cette question par le fait que le développement des activités hors de la fonction de gros, s'il semble s'accélérer, s'il n'est pas négligeable dans quelques secteurs, n'en demeure pas moins encore à un niveau raisonnable. Il n'empêche que, venant se surimposer au fait que les entreprises industrielles, de détail, mais aussi de services sortent de leurs activités traditionnelles s'organisent en groupes et s'inscrivent au centre d'une constellation de filiales et d'établissements divers, l'appareil économique devient une masse où il est de plus en plus difficile de distinguer qui fait quoi et notamment au niveau de la seule fonction de gros. Ainsi que l'examen des canaux l'a bien fait apparaître, le commerce de gros a plus souvent fait l'amère expérience, qu'il n'a été l'initiateur, de ces tendances à l'intégration.

III. — **Des perspectives différenciées...**

Il est difficile de contester que le commerce de gros a changé durant ces dernières décennies et qu'il jouit d'une image de marque sensiblement plus favorable. Cela ne doit cependant pas masquer que les mutations ont été partielles et d'une qualité inégale. De plus, n'oublions pas que l'évolution statistique du commerce de gros est falsifiée par un fort renouvellement des acteurs, si bien qu'à l'intérieur même de l'appareil commercial de gros, il convient le plus possible de toujours prendre garde de distinguer la portion traditionnelle, de la portion d'entreprises dont le statut de commerce de gros est sujet à discussion. Des intervenants dépendants, à des titres différents et selon des modalités diverses, de décideurs non grossistes occupent une place importante dans le commerce de gros et qui semble grandissante. Le moindre des paradoxes n'est pas que les modalités de l'« internalisation » des fonctions de gros prennent la forme d'une « externalisation » apparente de ces mêmes fonctions, au sein de structures solidarisées par des liens financiers ou d'ordre plus contractuel, mais bel et bien réels, le tout aboutissant à un gonflement artificiel de l'appareil commercial de gros ! À l'inverse, l'évolution de certaines entreprises de gros traditionnelles et l'extension de la gamme de leurs activités, présentent un caractère « dénaturant », plus ou moins marqué. À dessein ou non, cette réalité est souvent occultée.

La remise en question du canal purement traditionnel, où l'intermédiaire grossiste est strictement indépendant de son aval ou de son amont, continue d'être une réalité actuelle ! Que le grossiste puisse être depuis quelque temps l'initiateur de ces bouleversements ne change pas grand-chose, mais confirme qu'il devient de plus en plus difficile d'identifier un intervenant dans la distribution par une fonction bien précise. Cela nous renvoie au problème central du commerce de gros. Est-il condamné à disparaître, en tant qu'entité spécifique dans la distribution ? Si non, où et à quelles conditions structurelles peut-il continuer d'occuper sa place d'intermédiaire indépendant ?

1. **Bilan des dangers menaçant les différentes branches de gros et des opportunités offertes.** — Deux dimensions sont à prendre en compte dans tout essai de définition de perspectives et probabilités d'évolution, les facteurs internes sur lesquels les grossistes peuvent influer, et les facteurs externes, face auxquels, il sont impuissants. Ces derniers ont plus ou moins d'influence suivant les caractéristiques des produits, du marché et de l'offre. Quant aux premiers, il est évident que l'impact des mutations entamées dépend certes de leur qualité, mais aussi des mutations opérées par les institutions concurrentes. En fait, c'est toute une portion de l'hétérogénéité du commerce de gros qui ressort ici, celle des différentes branches d'activité, confrontées à des opportunités et des dangers d'intensité inégale.

A) *Un commerce de gros menacé.* — Les concurrences les plus fréquemment rencontrées par les grossistes ont déjà été largement évoquées. Aucune des branches de gros n'échappe à des processus d'intégration et d'association animés tant par le commerce de détail que par les industriels. Cependant, il convient de distinguer les cas où la concurrence est réelle de ceux où elle reste mesurée.

Les commerces de gros de boissons, d'épicerie et de produits divers sont ainsi confrontés, depuis assez longtemps, à un fort processus d'intégration initié par les acteurs en aval. Pour ces deux secteurs, la concurrence est tellement importante que l'on peut se demander si, à terme, hors les chaînes volontaires, des commerces de gros existeront. Les branches des accessoires automobiles, des produits électroniques, des produits pétroliers, sont fortement irriguées par les réseaux des producteurs. Déjà, pour les accessoires automobiles, il n'existe plus guère de grossistes qui ne soient pas au moins concessionnaires d'une grande marque de fabricant et chargés de l'approvisionnement de détaillants ou de réparateurs, concessionnaires pour la plupart. Pour les produits pétroliers, les grossistes existants sont en totalité soit des filiales des grandes compagnies, soit des concessionnaires. La distribution des produits électroniques (informatique en particulier) est de plus en plus fréquemment gérée par les producteurs eux-mêmes au travers d'un réseau de détaillants et de distributeurs professionnels affiliés ou de relations contractuelles avec de grands groupes de distribution au détail. Pour l'ensemble des entreprises agissant dans ces secteurs, on peut raisonnablement s'interroger sur les chances de pérennité d'un commerce de gros traditionnel, surtout lorsque la clientèle n'est composée que de détaillants. Plus largement, dans les secteurs relevant de la commercialisation des matières premières et des biens intermédiaires, le développement des politiques de filières et de la sous-traitance pose problème, notamment dans la chimie, le BTP, l'électronique...

Dans certains secteurs, la concurrence reste plus limitée, mais des tendances néfastes sont perceptibles.

Ainsi, grossièrement, la plupart des produits de consommation non alimentaires ont été moins affectés par le développement du grand commerce intégré. Cependant, la multiplication de grandes surfaces spécialisées dans telle ou telle gamme de produits risque de remettre en cause cet état de fait. Dans les secteurs de l'habillement, de la chaussûre, de la beauté, de la santé, le rapide développement des réseaux de franchises suscite des interrogations. Plus généralement, la poursuite des concentrations dans la totalité des branches industrielles, le renforcement de la multinationalisation et de l' « internalisation » des flux s'avèrent des plus négatifs pour la majorité des secteurs de gros. Le maintien de grossistes dans les branches de la droguerie, de la quincaillerie, du bricolage, où la concurrence est croissante, ne sera possible que par l'extension des chaînes existantes et la création de nouvelles.

Quelques secteurs déjà concurrencés par des intégrations voient la menace qui pèse sur eux se renforcer par les transformations affectant d'autres secteurs clients. Ainsi, dans les branches des produits alimentaires en parallèle à la concentration des producteurs et des brasseries, l'accroissement des grandes chaînes de restauration ou hôtelières qui développent leur propre logistique en même temps qu'elles concurrencent les restaurants, cafés et hôtels qui constituent la clientèle habituelle des grossistes menace tant les grossistes traditionnels que le développement du *cash and carry*. Essayant le plus possible de contrôler la totalité de leurs *inputs*, elles s'avèrent également néfastes pour les grossistes de biens d'équipement et de fournitures diverses. Pour les produits agricoles, la filière viande et les produits frais, le mouvement coopératif agricole semble depuis quelque temps marquer le pas sans cesser d'être une réalité très importante. Mais, loin de profiter aux grossistes, cela conduit de plus en plus les industries agroalimentaires, en pleine restructuration, à intégrer la filière plus en amont. Le système coopératif mis en place par les agriculteurs affecte aussi les grossistes en matériel agricole lorsqu'il prend la forme de CUMA (Coopérative d'utilisation du matériel agricole).

En définitive, tous les secteurs de gros sont menacés par des dangers divers[1], même si l'intensité de la menace est variable. Le tableau déjà noir de la situation du commerce de gros tend à se foncer encore. Mais, y compris dans les secteurs les plus concurrencés, il faut tenir compte de la diversité des intervenants et de la permanence d'une clientèle traditionnelle. Il existe des opportunités de développement ou plus modestement de maintien dans tous les secteurs.

B) *Les opportunités.* — La permanence du canal traditionnel est encore tangible. On peut voir la survie de ce canal comme le résultat de l'inaptitude momentanée des acteurs à assurer par eux-mêmes la distribution des biens ; pour diverses raisons, les « synapses » sont atrophiées, empêchant la constitution d'un réseau de distribution performant. On peut également expliquer le maintien du canal traditionnel par la spécificité de certains produits et marchés pour lesquels la notion de coût n'est pas primordiale, passant derrière la qualité des produits et des prestations annexes (produits de luxe ou produits plus banals mais prenant une valeur spécifique du fait de certaines particularités (fruits et légumes « biologiques », par ex.)). Tant que ces marchés ne connaîtront pas de bouleversements majeurs pouvant amorcer une course aux économies d'échelle, il n'y a pas de raison que le canal traditionnel cesse d'exister. Ces explications paraissent insuffisantes et au pire soustendent des jugements pour le moins arbitraires. Insuffisantes, car si le canal traditionnel, et donc le commerce de gros jouant son rôle traditionnel, ne se justifie que

1. À commencer par une refonte fondamentale de la distribution des biens de consommation, allant dans le sens d'une « désintermédiation » totale de la relation entre fabricant et utilisateur, rendue techniquement possible par le « commerce électronique ».

dans ces cas-là, autant parler de quasi-disparition et de déclin structurel. Les marchés concernés sont soit temporaires, soit relativement marginaux. En outre, et cela ressort bien du second cas de figure, implicitement on lie canal traditionnel et sous-productivité, celui-ci ne pouvant survivre qu'en dehors de toutes considérations de coût. L'examen des entreprises de gros montre pourtant bien qu'elles sont encore largement présentes sur des secteurs qui ne rentrent dans aucun de ces cas.

D'autres facteurs de pérennité du canal traditionnel existent donc. Le premier de ces facteurs tient aux structures économiques des partenaires du commerce de gros situés tant en amont qu'en aval. Depuis l'origine du commerce de gros, la justification de son existence n'a pas foncièrement changé ; elle tient dans l'incapacité des petites entreprises isolées à gérer la distribution de leur production et/ou leurs approvisionnements. C'est donc dans les branches où les partenaires du commerce de gros restent atomisés que son utilité est la moins contestée. Malgré la forte restructuration des acteurs économiques dans la plupart des secteurs, les petites entreprises demeurent encore très nombreuses. Certes, ce constat ne doit pas occulter que, d'une part, elles s'insèrent de plus en plus fréquemment dans des groupes et que, d'autre part, elles se regroupent dans beaucoup de secteurs, en ensembles de type coopératif. Cela dit, de nombreux artisans, magasins de détail spécialisés dans l'alimentaire (les produits frais) ou le non-alimentaire (textile, habillement, chaussures...) et agriculteurs restent totalement isolés.

L'augmentation de la technicité des produits et l'accroissement de leur diversité peut également jouer dans le maintien du canal traditionnel. C'est d'ailleurs l'une des causes fondatrices de la fonction de gros, dès le XIXe siècle, avec la division économique et spatiale du travail. La présence de plusieurs milliers de références – que l'on songe là à la pléthore de biens de consommation non alimentaires, aux biens d'équipement et aux fournitures diverses pour tous les secteurs de l'économie – émanant d'entreprises différentes plaide incontestablement pour la présence d'une institution indépendante chargée de coordonner et de rationaliser les relations et de constituer un assortiment[1]. Certes, d'autres structures que le commerce de gros sont capables de tenir ce rôle dans la distribution – les centrales d'achats et groupements de détaillants. Cependant, les commerces de gros peuvent se révéler indispensables pour des entreprises dont le métier n'est pas de distribuer des produits fabriqués par d'autres et de constituer un assortiment. Quelle que soit leur taille, mais plutôt des PME qui n'ont pas les moyens de se lancer dans une ambitieuse politique de sous-traitance ou d'extension vers l'amont, beaucoup d'entreprises industrielles et artisanales sont susceptibles d'être intéressées par ce service, particulièrement pour les biens d'équipement, et sont désireuses d'avoir la possibilité de comparer et d'acheter sans aller consulter plusieurs fournisseurs.

Trois points supplémentaires plaident à notre sens pour le maintien du commerce de gros. Outre les questions de saisonnalité et de déconnexion temporelle de l'offre et de la demande, le développement des flux tendus ne supprime pas la nécessité qu'en un point du circuit, à un stade du procès de production, il y ait stockage. Celui-ci peut être assumé par des entreprises non grossistes, mais, somme toute, c'est un élément qui peut justifier la présence de grossistes traditionnels, voire leur regain pour les produits intermédiaires, les fournitures et équipements divers pour l'industrie, mais aussi dans le cas de certains produits agricoles. Second point, les grandes surfaces exercent de façon coercitive vis-à-vis des industriels fournisseurs le pouvoir qu'elles détiennent dans les circuits de distribution des biens de consommation. Il y a là le ferment d'une rébellion des producteurs qui peuvent

1. On a ainsi pu compter dans le secteur du négoce lié à la construction 160 000 matériaux et produits fabriqués par près de 10 000 producteurs !

être incités, avec (ou sans, certes) les grossistes, à contrer le développement des grandes surfaces, cette démarche se surimposant à un carcan réglementaire de plus en plus restrictif. Dernier point, est-il si sûr que les processus de concentration dans les branches industrielles, le développement de la sous-traitance... vont continuer ? Malgré les méthodes de croissance employées, et qui s'appuient de plus en plus sur la flexibilité des PME, n'est-il pas à craindre que le gigantisme de certains groupes n'amène des déséconomies d'échelle, que l'ensemble, et notamment d'un point de vue logistique, ne devienne trop lourd à gérer, ce qui conduise ces entreprises à se dégager de fonctions apparaissant comme un fardeau, au moins à des niveaux régionaux, voire nationaux ? Mais ce n'est là que conjecture que peu de choses permettent d'étayer aujourd'hui.

Mis à part pour quelques secteurs où manifestement le commerce de gros traditionnel n'a que peu de chances de retrouver une place importante et où, à brève échéance, la situation ne peut qu'empirer, dans la plupart des secteurs elle présente à la fois des chances et des dangers. Les menaces l'emportent-elles sur les opportunités, ou inversement ? Pour quelles branches ?... Difficile à dire car trop d'inconnues rentrent en ligne de compte. Il est, à ce propos, frappant de constater combien l'avenir du commerce de gros est suspendu aux évolutions et transformations des autres secteurs, avant même la portée de ses propres mutations. Dans un proche avenir et à court ou moyen terme, il ne semble pas qu'il puisse y avoir des évolutions fondamentales, signant définitivement la mort des grossistes indépendants. Cela dit, un regain du canal traditionnel paraît peu vraisemblable. À plus long terme, c'est l'incertitude totale. Tout est possible...

2. **L'avenir des PME de gros traditionnelles.** — À maintes reprises, nous avons été conduit par la force des choses à constater que de nombreux facteurs économiques

militent dans le sens de la restructuration du commerce de gros. Il paraît nécessaire de rechercher maintenant les facteurs susceptibles de permettre de penser que les PME, très largement majoritaires, ont encore leur place dans les circuits commerciaux. Au-delà du truisme constamment rabâché vantant, pour le commerce de gros comme pour les autres secteurs économiques, la plus grande flexibilité et la meilleure capacité d'adaptation aux conditions mouvantes du marché et à certaines de ses spécificités, des PME, nous pensons que les PME de gros peuvent justifier leur utilité en se positionnant par rapport à trois facteurs principaux : un certain type de clientèle, un certain type de produit et un territoire spécifique.

Du fait de leur taille, et eu égard à une zone de chalandise le plus souvent assez restreinte, les PME sont proches de leur marché. Elles apparaissent comme particulièrement indiquées pour l'approvisionnement de la petite clientèle et le traitement des commandes en petits lots. Rappelons que ce facteur figure parmi les premiers pour expliquer le maintien du commerce de gros sur beaucoup de branches, ce qui permet de penser que les PME de gros sont destinées à jouer encore un rôle de tampon important, sous réserve que les portions atomisées du système économique le restent et que les petites entreprises ne s'organisent pas. Au sein d'un même secteur de gros, on peut ainsi imaginer un partage des tâches entre les grosses entreprises et les PME. Dans le secteur des fruits et légumes, pour prendre un cas de figure actuel, on constate que les grosses entreprises sont les seules à pouvoir remplir les exigences des grandes surfaces et sont dans les faits celles qui participent pour partie à leur approvisionnement. À l'inverse, les petites entreprises grossistes sont plus aptes à servir des clients de faible importance[1]. Pour

1. Dans le secteur des fruits et légumes, il convient d'ailleurs de noter l'heureuse initiative ayant abouti à la constitution d'un GIE, « Le Fruitier », destiné, au travers d'une charte de qualité, à promouvoir de petits commerçants indépendants appuyés sur un réseau de grossistes partenaires.

tous les secteurs sans doute y a-t-il matière à réflexion autour d'une union, ou au moins d'une prise de conscience d'intérêts communs, entre PME de gros et PME des autres secteurs économiques.

Le rôle des PME de gros ne doit pas pour autant être cantonné à l'approvisionnement des seules petites entreprises diffuses sur un territoire. Elles peuvent adopter une stratégie d'ultraspécialisation sur des produits rares ou des marchés spécifiques et être à même de desservir une vaste zone de chalandise. On peut prendre l'exemple d'un petit grossiste spécialisé dans l'aquariophilie, et qui à partir d'un unique établissement dessert une clientèle composée de petits détaillants spécialistes et de grandes surfaces, éclatée sur l'ensemble du territoire national et même au-delà ! Des cas de figure semblables se rencontrent également pour quelques produits alimentaires de luxe[1]. Le développement de rayons régionaux dans certaines enseignes de grandes surfaces (Leclerc, Champion) peut aussi favoriser des PME de gros locales qui se révèlent être des interlocuteurs privilégiés pour les petits producteurs (mais à elles de se rendre indispensables, car cette évolution peut tout aussi bien les débouter de ce rôle...).

A l'inverse de la spécialisation sur un produit, on peut penser que des PME peuvent se positionner par rapport à un territoire caractérisé par une faible densité industrielle ou démographique et où elles vont chercher à couvrir le maximum des besoins de la clientèle locale. Cela peut conduire le grossiste à développer un assortiment multispécialisé – une gamme comportant les principaux produits alimentaires, que ce soit de l'épicerie ou des produits frais – ou même, totalement déspécialisé – produits alimentaires et non alimentaires, y compris des fournitures industrielles pour des artisans. Bien qu'en voie de disparition, en raison des processus de polarisation géogra-

1. Dans le même ordre d'idées, on peut souligner la vigueur des réseaux grossistes mis en place par le « commerce ethnique », notamment chinois.

phique des potentiels économiques et humains, ce type de spécialisation par rapport à un territoire plus que par rapport à une clientèle ou un produit plaide aussi pour le maintien de PME, en faisant même l'un des outils d'une politique d'aménagement du territoire.

Non dénuées d'atouts mais fragilisées par leurs faiblesses intrinsèques (compétitivité, manque de capacités d'investissement), les PME de gros constituent des cibles privilégiées pour des grands groupes qui, le plus souvent, n'appartiennent pas au commerce de gros traditionnel. Doit-on en déduire que, à l'image des tendances constatées pour le commerce de détail, hors affiliations à des groupes, accords contractuels divers..., il n'y a point de salut pour les PME de gros ? Ce serait oublier que les PME, loin d'être un bloc uniforme, doivent être envisagées dans toute leur diversité. L'appellation commune de PME masque des entreprises de tailles très différentes, dirigées par des personnes plus ou moins compétentes et agissant dans un environnement plus ou moins stable et concurrentiel. Il importe notamment d'isoler les plus petites entreprises des autres. Tant au cours de nos pérégrinations bibliographiques que de nos contacts avec des hommes de terrain, la question de la pérennité des « micro-entreprises », s'est posée. C'est parmi celles-ci que l'on a le plus de chances de rencontrer cette frange d'entreprises, dont le fonctionnement, le positionnement par rapport à un marché sont inadaptés aux conditions de la distribution actuelle. De manière générale, on peut considérer que l'entreprise de gros un peu « touche-à-tout », n'affichant pas de stratégie commerciale affirmée, est fragile et probablement condamnée à terme. Autre cause de la précarité des plus petites entreprises, le fait qu'une fraction d'entre elles sont encore dirigées par des personnes dont la succession n'est pas assurée, misonéistes et passives par fatalisme ou manque de formation.

Au contraire, on peut estimer qu'il reste de la place pour des entreprises de moyennes dimensions ayant la possibilité financière d'entamer des mutations comme en témoigne le fonctionnement économique quotidien, d'autant qu'elles-mêmes peuvent participer à la restructuration du commerce de gros par le biais de divers regroupements dont on a pu mesurer les atouts. Pour autant, peut-on affirmer avec certitude que toutes les micro-entreprises vont disparaître ? Si oui, cela signifie une refonte drastique des structures du commerce de gros, car n'oublions pas que ces entreprises constituent la majeure partie de l'appareil commercial de gros. Outre celles qui peuvent se réorienter vers le commerce de détail, il est possible qu'une partie de ces entreprises, au moins les plus dynamiques et dans les secteurs non alimentaires, deviennent des concessionnaires – beaucoup le sont déjà d'ailleurs – et cessent d'être, de ce fait, des grossistes traditionnels *stricto sensu*[1]. Quelques-unes peuvent espérer survivre, celles qui sont spécialisées sur une gamme de produits très spécifiques et agissent dans un marché où les tendances à l'intégration ne sont pas encore très fortes. Cela dit, et outre les « facteurs dénaturants », une forte diminution du nombre de ces très petites entreprises par cessation définitive d'activité est probable à court/moyen terme[2]. Mais, pour les grossistes restants, gros ou petits, quel sera leur rôle dans une logistique souvent animée par des ensembles réticulaires de plus en plus intégrés et internationalisés ?

3. **La vassalisation du commerce de gros.** — Le positionnement actuel des grossistes dans la distribution et leur rôle effectif dans les circuits internationaux est très instructif du rôle et de la place du secteur et permet de prendre la mesure de son déclin. Aujourd'hui, le com-

1. On se rapprocherait ainsi du système de distribution nippon, pourtant présenté comme obsolète, où la pléthore de petites entreprises travaillent souvent pour une seule marque de produits et sont inféodées aux fabricants ou à quelques grandes maisons de commerce.

2. Un « raccourcissement » des canaux de distribution est toujours possible quand on se rappelle que plus du quart des ventes en gros se font encore à destination d'autres grossistes ou de centrales d'achats.

merce de gros national compte un peu plus de 200 000 établissements[1]. Ce chiffre très important laisse présager une assez large dissémination des structures de gros, avec souvent des zones de chalandise relativement restreintes (d'autant que près de 50 % des établissements comptent au plus un salarié). L'aire d'influence d'un établissement ne doit certes pas occulter celle de l'entreprise dont il n'est qu'un des éléments. Mais le déplacement du raisonnement au niveau de l'entreprise ne change guère ces quelques constatations, puisque l'appareil commercial de gros reste composé dans son écrasante majorité de petites entreprises qui se révèlent être pour 70 % d'entre elles mono-établissement. Qu'il y ait des nuances entre les différents secteurs, que l'on puisse aujourd'hui, pour certains produits et à partir d'un seul point de vente/stockage, irriguer un vaste territoire, pourquoi pas mondial dans le cas de biens à très forte valeur ajoutée, on ne peut le nier. Mais, globalement, cette configuration structurelle tend à démontrer que la plupart des entreprises de gros ont une aire d'influence et des réseaux de distribution qui excèdent rarement un niveau régional ou local. L'organisation spatiale du commerce de gros n'a pas été fondamentalement bouleversée depuis le siècle dernier, un nombre considérable de PME se partageant l'espace national, constituant des alvéoles régionales et locales.

Mais si les schémas régionaux grossistes demeurent une réalité, il convient de considérer que beaucoup de PME font partie de groupes ou de groupements, dont l'audience géographique est plus vaste. Il ne s'agit donc pas de se laisser abuser par cet apparent immobilisme qui ne doit pas masquer la soumission plus ou moins directe d'une fraction grandissante des structures qui y agissent, par rapport à des sièges sociaux extérieurs qui constituent la véritable tête de réseaux de plus en plus puissants et internationalisés. Beaucoup de PME de gros

1. Si l'on en croit l'INSEE, au 1er janvier 1999.

s'inscrivent ou vont s'inscrire dans cette logique réticulaire car filiales de grands groupes, concessionnaires de marques ou membres d'un groupement, toutes structures qui ont le plus souvent une logique suprarégionale. À cela se surimposant les établissements dépendant directement d'entreprises à vocation nationale, et il est un fait que les appareils commerciaux de gros régionaux fonctionnant selon une logique strictement régionale n'existent plus.

Lorsqu'on se souvient que les grosses entreprises de gros sont souvent l'émanation de groupes multinationaux non grossistes, que beaucoup des PME de gros qui ont été filialisées, qui sont concessionnaires, dépendent de ces mêmes groupes, souvent par l'intermédiaire d'une de leurs filiales ou d'un établissement ayant une vocation nationale ou multinationale, sans compter les modalités de croissance des plus grosses entreprises de gros qui sont souvent intrinsèquement porteuses de dénaturation, la question de la réorganisation spatiale du commerce de gros en tant que tel reste entière. D'un côté, les entreprises de gros qui s'inscrivent dans une logique réticulaire nationale et surtout internationale en sont, en fait, assez rarement les initiatrices et s'insèrent plutôt au stade terminal de la distribution, le régional ou le local. D'un autre côté, les entreprises de gros traditionnelles et vraiment indépendantes étant souvent d'assez petite taille, leur positionnement et leur logique de distribution reste essentiellement régionale ou locale. En définitive, c'est tout le problème du positionnement économique du commerce de gros dans les circuits de distribution, de sa place dans l'organisation d'une logistique internationalisée et de sa capacité à orienter et à maîtriser des flux de plus en plus amples qui ressort.

Dans la seule perspective européenne, on ne constate pas de forts mouvements allant dans le sens d'une européanisation des structures de gros. Par exemple, lorsqu'on parle de logistique européenne, cela revient, jusqu'à aujourd'hui tout au moins, à traiter de l'organisation logistique des producteurs et/ou de la sous-traitance de cette logistique à des transporteurs, qui eux, semble-t-il, ont mieux intégré cette dimension, comme en témoigne l'existence de plates-formes de fret, d'envergure vraiment européenne et internationale. Ainsi, pour certains produits (informatique, électronique, électroménager, produits de luxe), les industriels ont créé des dépôts centraux pour l'Europe occidentale, souvent situés au Bénélux, et pour lesquels « les études ont montré que l'effet concentration des stocks était très nettement supérieur aux surcoûts logistiques »[1].

Les grossistes développent cependant une activité internationale puisqu'ils contribuent en 1997 à près de 13 % des exportations et un peu plus de 26 % des importations de la France[2]. Ces parts sont relativement stables hors les oscillations propres à la conjoncture et aux échanges internationaux. Les importations l'emportent largement sur les exportations, ce qui entretient un important déficit (182,8 milliards de francs en 1997). De fortes différences existent entre les grands secteurs de gros. Le commerce de gros de produits agricoles bruts est le seul à afficher un solde excédentaire et réalise plus de 25 % de son chiffre d'affaires dans les exportations, alors que la part des importations dans ses achats n'est que de 3,6 %. Tous les autres secteurs participent au déficit des échanges internationaux et particulièrement les commerces de gros de produits intermédiaires non alimentaires et d'équipement professionnel. L'action du commerce de gros à l'échelon international suscite des impressions ambivalentes. D'un côté, le montant des importations et des exportations incline à penser que l'appareil commercial de gros joue un rôle notable dans le fonctionnement économique du pays. À l'inverse, on peut interpréter ces chiffres comme la matérialisation du rôle somme toute marginal des grossistes dans le com-

1. A. Artous, « Le redéploiement des industriels », *Transport Magazine*, n° 104, septembre 1991, p. 75-76 (p. 76).
2. Source : Banque de France.

merce extérieur : l'écrasante majorité des acteurs économiques nationaux ou implantés sur le territoire national ayant besoin d'exporter ou d'importer se passent du grossiste. Quel changement par rapport à l'époque préindustrielle où les négociants assuraient et initiaient l'essentiel d'un commerce international, peu développé il est vrai ! Et encore, dans les exportations et importations attribuées à l'appareil commercial de gros, quelle est la part réelle du commerce de gros traditionnel ? On peut se poser la question en regard d'autres éléments d'information. En 1997, seulement 17 759 entreprises de gros ont eu une activité internationale, soit moins de 15 % du total, et, parmi celles-ci, la part occupée par les plus grosses entreprises est importante : en 1995, les entreprises de plus de 100 salariés, soit 2,1 % des entreprises exportatrices et 1,9 % des entreprises importatrices, ont réalisé 24,4 % des exportations et 29,4 % des importations du secteur[1]. Rappelons encore une fois que, parmi ces entreprises, beaucoup sont des filiales de groupes industriels dans les secteurs non alimentaire et d'équipement professionnel. Leur rôle d'importateur ou d'exportateur s'inscrit donc, avant tout, dans la logique d'un ensemble organisationnel plus vaste et une architecture de flux « internalisés » au niveau international. Le faciès déficitaire du commerce extérieur réalisé par l'appareil commercial de gros ne manque pas d'être révélateur. Il importe plus qu'il n'exporte parce que les fabricants nationaux se passent de lui, préférant utiliser leur propre réseau et relations pour leurs ventes à l'étranger. L'importance de la dimension exportation dans le secteur agricole ne doit ainsi pas occulter la place importante que tiennent les coopératives agricoles. *A contrario*, le fait que les importations dominent dans la plupart des secteurs indique que les fabricants étrangers procèdent de même au travers de leurs filiales de commercialisation implantées au sein du pays. En témoi-

1. INSEE, Enquête annuelle d'entreprise dans le commerce.

gnent l'importance des produits chimiques et des matériels électriques et électroniques dans le montant des importations, où nous avons pu constater la prédominance des filiales de groupes industriels. Souvent, ces filiales, têtes de pont de groupes multinationaux, se comportent comme des « supergrossistes » en approvisionnant un réseau d'établissements, de concessionnaires ou de grossistes indépendants agissant à un niveau national et régional.

Dans quelques secteurs, les grossistes occupent une position clé en matière d'échanges internationaux. Ils se révèlent être, par exemple, très présents dans l'importation et, dans une bien moins grande mesure, l'exportation des fruits et légumes mais aussi des vins et spiritueux (exportations et importations). Certaines entreprises occupent également de solides positions dans l'exportation ou l'importation de biens non alimentaires de consommation, de luxe et/ou s'adressant à des marchés assez spécifiques. Cela étant, l'évidence est là : l'internationalisation de l'économie s'est réalisée en grande partie sans le concours des grossistes. La faiblesse de son action à ce niveau ne fait que refléter une implantation marginale à l'étranger et l'émiettement des structures. Elle est symbolique du positionnement économico-spatial actuel et futur du commerce de gros traditionnel dans la machine économique, tant du point de vue de la dépendance décisionnelle d'une portion croissante de ses entreprises, que de sa soumission de fait à des structurations logistiques plus vastes.

Certes, sous réserve qu'il sache s'adapter et qu'il n'y ait pas de refonte drastique des circuits de distribution, le commerce de gros a une place à tenir dans la distribution française, voire européenne. Il peut même, dans certains cas, jouir d'un relatif pouvoir sur les autres institutions et de la capacité de peser sur l'organisation d'une portion de la distribution. Les opportunités et dangers qui existent à ce niveau plaident pour la continuation des mutations du secteur. Mais, dans le contexte d'internationalisation de la production, à quel rang cela situe-t-il le commerce de gros dans la distribution ? Soit le commerce de gros n'est pas confronté à l'internationalisation, soit il l'est et dans ce cas-là il n'en est, en règle générale et en raison de ses caractéristiques structurelles, que très rarement l'initiateur mais y est soumis de fait. Nulle part mieux qu'à l'échelon international n'apparaît la vassalisation du secteur. On est, dès lors, loin de la fonction classique du commerce de gros, celle d'un opérateur indépendant intermédiaire et qui joue un rôle moteur dans l'articulation entre les différentes composantes de la machine économique. D'ailleurs, le réel déclin du commerce de gros n'est-il pas de ne pas avoir pu suivre l'étalement et la massification des flux et l'organisation internationalisée de la logistique avec, pour résultat, de se voir relégué à un rôle national et plus souvent régional, où il a des chances de pérennité, mais pas un rôle de coordination et de tampon dans une économie mondialisée, rôle qui aurait dû être le sien s'il avait suivi les évolutions de l'après-guerre ?

CONCLUSION

Quel avenir pour le commerce de gros ? Que représente-t-il aujourd'hui ? Si l'on se contente d'un commerce de gros éponyme où rentrent, sans distinction, filiales de commercialisation de groupes industriels, concessionnaires, coopératives, voire centrales d'achats, aux côtés des grossistes traditionnels, c'est-à-dire d'entreprises strictement indépendantes assurant à titre principal la fonction de gros, le bilan que l'on peut faire reste positif. Il n'arrive pas à gommer la multiplication et les succès des canaux de distribution concurrents, mais, globalement, les grands agrégats témoignent d'une assez bonne santé du secteur. Si l'on refuse de céder à ce qui est une facilité, si l'on persiste à se focaliser sur la portion traditionnelle du secteur, la seule qui, à notre avis, mérite l'appellation de « commerce de gros », parce que cela reste l'unique moyen de percevoir l'ampleur des transformations ayant affecté la distribution sous le coup de l'interaction entre mutations structurelles des acteurs économiques et progrès techniques, parce qu'au-delà du seul et louable désir de comprendre il s'agit de prôner la visibilité de processus importants pour la pérennité de toute une forme d'économie basée sur des PME indépendantes, les seules qui soient garantes, en définitive, d'une saine concurrence, l'impression est tout autre.

Le commerce de gros apparaît comme un secteur composé très majoritairement de petites, voire de très petites entreprises. Ce qui n'est pas forcément un handicap traduit néanmoins, pour ce type d'activité nodale, dans un contexte d'intenses restructurations en amont et en aval, une faiblesse. Celle-ci se répercute sur le positionnement des commerces de gros traditionnels qui, loin d'être la seule institution en charge de la fonction de gros, ont été chassés de larges portions du système économique et ne participent notamment que de médiocre façon à l'internationalisation des échanges. Par rapport à la place qu'a pu occuper un négoce indépendant au siècle dernier et qui, sans être exclusive, était dominante, la régression est difficilement contestable. En définitive, cela soulève la question du devenir d'un intermédiaire indépendant en charge de la jonction entre producteurs et détaillants, producteurs et prestataires de services, et producteurs entre eux.

Le commerce de gros traditionnel n'est-il pas condamné à devenir, ou n'est-il pas souvent déjà, un sous-système agissant ponctuellement et marginalement dans les schémas distributifs et d'approvisionnement, et ce, pour une fraction croissante des filières ? À l'image du colportage déclinant des XVIIIe et XIXe siècles dans l'Europe en voie d'industrialisation, le commerce de gros n'est-il pas aujourd'hui une modalité organisationnelle obsolète n'ayant répondu à l'origine qu'à une carence provisoire du mode de production capitaliste en formation à assurer dans tous les cas de la façon la plus efficiente le contact entre une offre et une demande ? Ne peut-on pas aller jusqu'à se demander si, dans sa définition traditionnelle, le commerce de gros n'a jamais été qu'un épiphénomène dans l'histoire des sociétés industrielles ? Le jugement, pour paraître trop sévère à certains, est-il infondé ? Rien n'est joué d'avance et il existe des PME de gros dynamiques agissant sur des marchés porteurs, pour reprendre une formulation consacrée, mais la tendance, non démentie depuis lors, à l'intégration des filières est toujours là, forte d'une logique économique qui semble lui donner raison et a déjà marginalisé le commerce de gros traditionnel comme nous nous sommes attaché à le démontrer.

SOURCES

1 / BIBLIOGRAPHIE SOMMAIRE

La bibliographie concernant strictement le commerce de gros est maigre. Hors les rapports émanant des organisations professionnelles de branche ou quelques études statistiques, on ne recense pas d'ouvrages récents consacrés à ce secteur d'activité. Outre les références déjà livrées au fil du texte, on peut mentionner les quelques ouvrages suivants (nous avons choisi de ne pas proposer ici de titres étrangers, notamment anglo-saxons, pourtant pléthoriques sur les questions de distribution) :

Sur le commerce de gros :

Communautés européennes, Amsterdam consulting Group, *Le marché intérieur, un défi pour le commerce de gros,* Luxembourg, Office des publications officielles des Communautés européennes, 1991.

Thien Phuc N., *Les grossistes devant l'expansion,* Paris, Gauthiers Villars, 1969.

Sur la distribution :

Barczyk D., Évrard R., *La distribution,* Paris, Nathan, 1997.

Benoun M., Héliès-Hassid M.-L., *Distribution, acteurs et stratégies,* Paris, Economica, « Gestion », 1995.

Brudey N., Ducrocq C., *La distribution,* Paris, Vuibert, 1998.

Direction des Entreprises commerciales, artisanales et de services, *La grande et moyenne distribution en France, monographie de 68 groupes,* édition de 1998.

Marseille J. (sous la dir. de), *La révolution commerciale en France, du « Bon Marché » à l'hypermarché,* Paris, Le Monde Éditions, 1997.

Mathé H., Tixier D., *La logistique,* Paris, PUF, « Que sais-je ? », 3e éd., 1995.

Tarondeau J.-C., Xardel Dominique, *La distribution,* Paris, PUF, « Que sais-je ? », 5e éd., 1998.

Thil E., *Les inventeurs du commerce moderne,* Paris, Arthaud, 1966.

Vigny J., *La distribution : structures et pratiques,* Paris, Dalloz, « Gestion », 2e éd., 1997.

2 / PUBLICATIONS PÉRIODIQUES

INSEE, Enquête annuelle d'entreprises, série « Commerce ».

LSA (Libre-Service Actualités).

Secrétariat d'État aux PME, au Commerce et à l'Artisanat, *La France des commerces,* publication annuelle.

3 / ORGANISMES

Confédération française du commerce de gros interentreprises et du commerce international (CGI) : 18 rue des Pyramides, 75001 Paris.

Direction des entreprises commerciales, artisanales et de services (anciennement nommée Direction du commerce intérieur) : Tour Mattéï, 207, rue de Bercy, 75012 Paris (http://www.pme-commerce-artisanat.gouv.fr).

Institut du commerce et de la consommation (ICC) : 8, place d'Iéna, 75116 Paris.

Dans l'ouvrage publié par la Direction du commerce intérieur (*Le commerce de gros, monographie de 25 secteurs,* 1993), sont données la liste et les adresses d'une bonne partie des organisations professionnelles du commerce de gros.

TABLE DES MATIÈRES

BIBLIOGRAPHIE THÉMATIQUE « QUE SAIS-JE ? »

Le commerce intérieur, n° 2214
La distribution, n° 2215
La logistique, n° 2351
Le merchandising, n° 2516
Les centres commerciaux, n° 2541
Marketing et réseaux d'entreprises, n° 2785

Imprimé en France
Imprimerie des Presses Universitaires de France
73, avenue Ronsard, 41100 Vendôme
Août 2000 — N° 47 295